のろいとまじない

「noroi」與「majinai」

「詛咒」（呪い）有兩個讀法，「noroi」和「majinai」，咒術不只會以詛咒折磨人，也能救人於災禍或病痛中。日本的風土擁有山、河、海、森等豐富的自然，透過四季展現出多彩多姿的風貌，自太古以來滋養了許多人的生命。自然帶給人們福澤，有時卻也會大發神威，對人類造成災難。對於超越智慧的能力，人類本能的察覺有正負兩種力量，並且將它變成「詛咒」的力量。

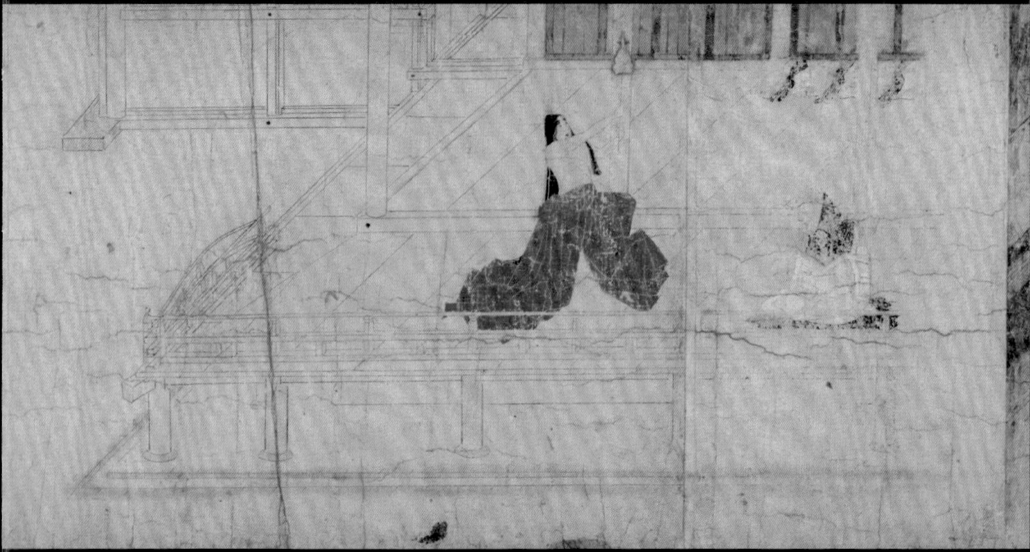

北野天神緣起繪卷（弘安本）
東京國立博物館　藏
照片提供：TNM imge Archives
僧侶握著錫杖，向跳舞的女神念咒。女神半裸舞蹈乞求天神顯靈的模樣，在天岩戶神話中也有描寫。

太古百姓看到的黑暗世界

日本咒術的歷史可追溯到有文字以前。代表繩文時代的土偶有遭到人為破壞的痕跡，顯示它用於某種咒術。另外，著名的邪馬台國女王卑彌呼，傳說會使用稱為「鬼道」的咒術。統一王權誕生的古墳時代，古墳內部畫了幾何圖紋。顯示他們用抽象的圖紋，而非人類溝通的方式「語言」，向神傳達意思。古代人類運用種種手段試圖接近無形的黑暗世界，以獲得強大的力量。

虎塚古墳（茨城縣常陸那珂市）
用孟加拉（Bengala，氧化鐵的紅色顏料）顏料在牆壁上側畫出連續三角文，下方有兩個環狀文、大刀和矛等。

國寶．合掌土偶
八戶市埋藏文化財中心是川繩文館　藏
照片提供：PPS 通信社
製作於三千五百年前，據說表現了向天祈禱的姿勢、屈葬的姿勢或者是古代的生產姿勢（產座）。

操縱黑暗力量的人

泣不動緣起
奈良國立博物館　藏
森村欣司　攝影
陰陽師安倍晴明為救重病高僧的性命，舉行了泰山府君祭。傳說不動明王看到其弟子願捨命成為高僧的替身，十分憐憫，因而出面替弟子捨身。

在日本，政治稱為「祭事」，可知咒術是統治國家的最重要元素。到了奈良時代，建立完備的律令制後，咒術就受到國家嚴密的管理。不久後，操縱黑暗力量的陰陽師、密宗僧人等，在朝廷內掌控了重大的影響力。接著來到咒術全盛時期的平安時代，陰陽師安倍晴明、賀茂忠行與保憲父子、空海與淨藏等名聞遐邇的咒術師一一出現，他們施展的許多奇蹟也成為傳說，被記錄下來。

辟邪繪天刑星
奈良國立博物館　藏，森村欣司　攝影
天刑星為中國道教的神，執掌天界的星星。後來成為陰陽道式神的根源。真言密宗也十分重視天刑星。

赤山禪院（京都市左京區）
延曆寺的別院，位在連結京都御所與鬼門方向的比叡山延曆寺的線上。供奉陰陽道的主神，執掌生死的泰山府君。

墨書人面土器　京都市　藏
自長岡京東南邊界的祭祀遺蹟中出土的文物。
長岡京因人們認為早良親王怨靈作祟，連連有人橫死，僅僅十年便廢城。

連結大宇宙的祕法

日本的咒術分成神道、道教、陰陽道、修驗道、密宗五個系統，每一系統都有自己的特色。神道讓萬物的靈魂變得活潑，道教追求成仙之道，陰陽道利用宇宙的結構和天地道理的齒輪，密宗借助固守宇宙根源的佛力，而修驗說則是融合了神道、道教、密宗。雖然方法各異，但每一種都試圖連結無形的世界和大宇宙的能量，對有形世界造成巨大影響，可說是咒術的本質。

金剛藏王權現
金峰山寺　藏　照片提供：朝日新聞社
藏王權現為修驗道的主佛。
金峰山寺的三尊藏王權現約七公尺高，
青面露出憤怒的表情，表現出對過去、
現在、未來三世的救濟。

金銅輪寶
奈良國立博物館　藏，森村欣司　攝影
原本為古印度投擲用的武器，後為密宗用於儀式上的法器之一。
儀式上會放置在大壇場。

金銅三鈷杵
奈良國立博物館　藏，矢澤邑　攝影
原為印度神話中的武器，後為密宗用於護摩祈禱的法器。平安時代以後開始國產。

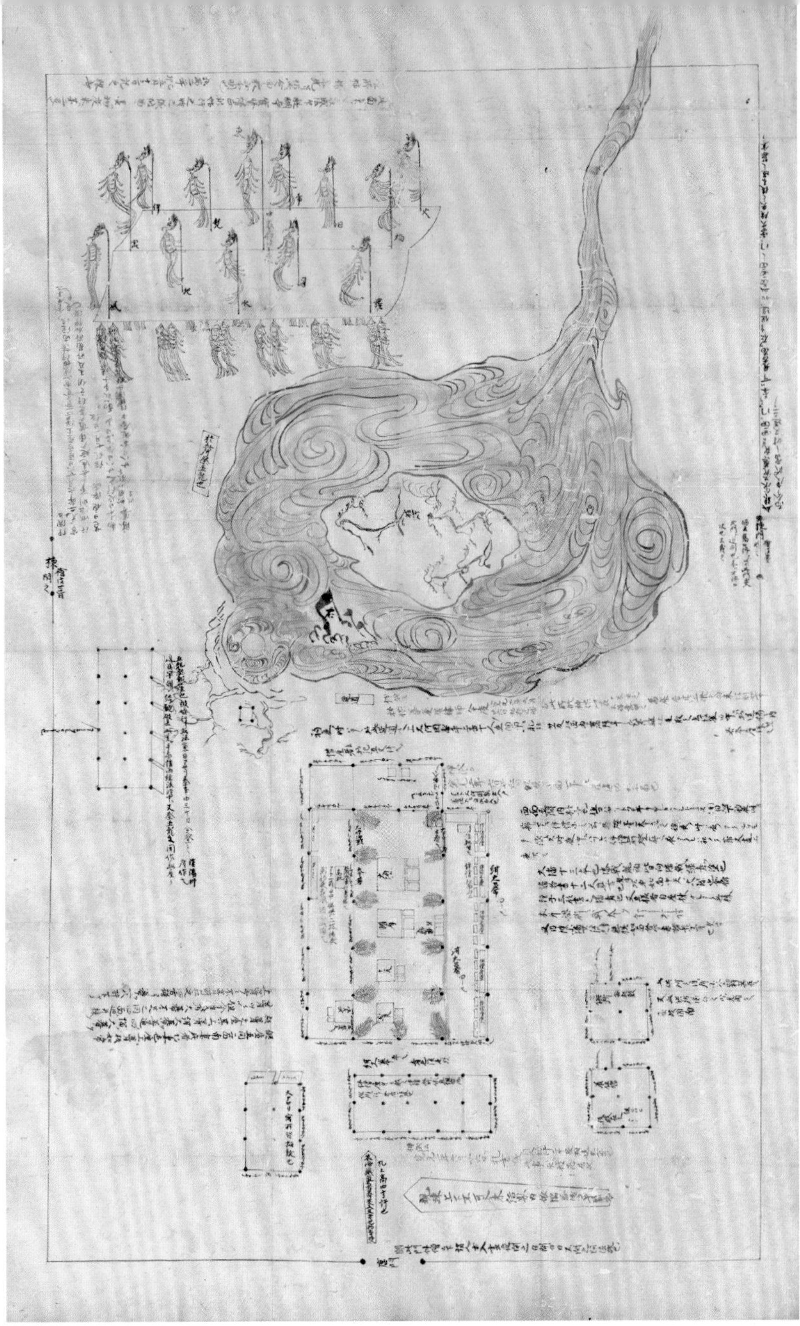

神泉苑請雨經法道場圖

奈良國立博物館　藏，佐佐木香輔　攝影

神泉苑位於平安京大內西南方，這是於該處進行請雨經法的道場圖。陰陽道和密宗都會在神泉苑舉行祈雨儀式。

成為怨靈的人

《月耕隨筆》天拜山菅原道真
傳說菅原道真在讚岐當行政官的時代舉行祈雨儀式，第七天便降雨了。

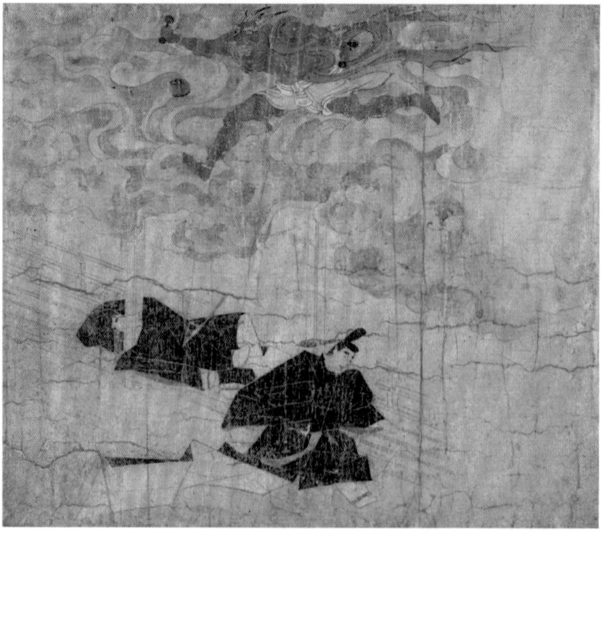

北野天神緣起繪卷
東京國立博物館　藏
照片提供：TNM image Archives
菅原道真死於非命，死後相關者陸續死亡，又發生清涼殿落雷事件，因此人們畏懼他稱他「天神」。

《能樂圖繪》鐵輪
描寫能劇劇目〈鐵輪〉的畫作。
女子為了報復拋棄自己取後妻的前夫進行了丑時參拜。

懂得利用黑暗世界的人們，漸漸畏懼死於非命、降災作祟的怨靈、死靈，或是雖然活著但能發揮怨念的生靈等等。越是依賴咒術，陰影就越深。不久，怨靈的力量強大到驅使天皇遷都。在一天行動全靠咒術決定的平安時代，貴族們越來越沉迷於咒術，這種現象也更加強了怨靈和生靈的力量，陷入惡性循環。

貴船神社（京都市左京區）
以丑時參拜的發祥地而聞名的神社。
和泉式部曾向貴船神社祈求而破鏡重圓，所以現在也是熱門的結緣神社。

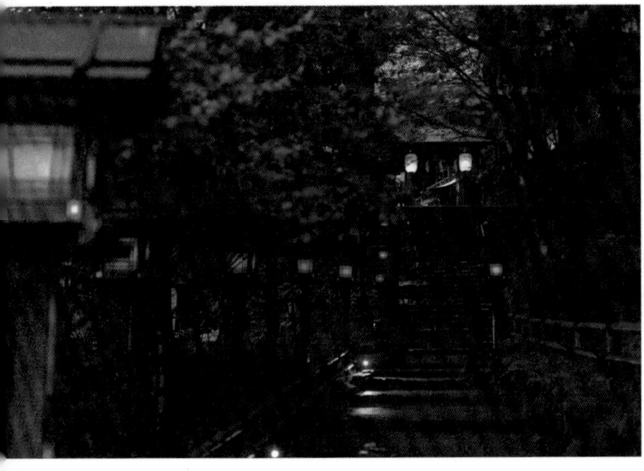

柳下亭種清述

不知藪八幡之實怪

千葉縣市川市八幡的禁足地，江戶時代以前留下傳說，但由來不詳。一說是為殺死三大怨靈之一平將門而布置的咒術「八陣之法」的遺址，進入者將會惹禍上身。

現在依然存在的詛咒

即使在科學技術如此發達的現代社會，人們對災害、生病、戀愛等事，依然無法靠一己之力解決，於是人們還是繼續追尋無形的黑暗力量。這是因為人類擁有無法用合理性、邏輯性、社會常識等分析的情念。只要人類存在，詛咒就不會消失。

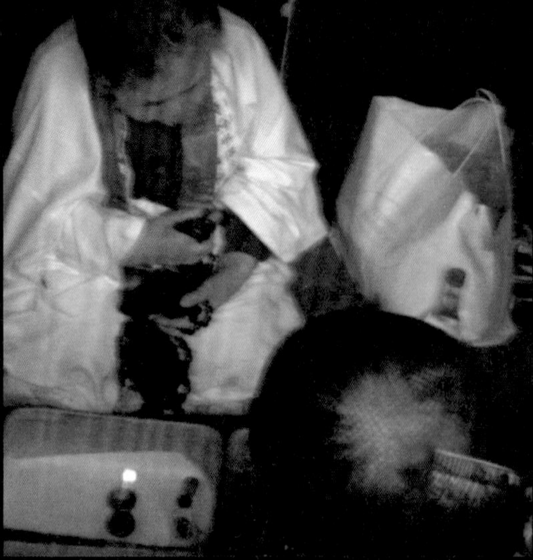

「潮來」（巫女）的通靈
影像提供：朝日新聞
東北地方的習俗，潮來（巫女）會以通靈術，在謝世之人與現世的人之間傳遞口信。

結緣與斷緣之碑
安井金比羅宮（京都市東山區）中的石碑。現在依然有許多人到此處祈求結緣或者斬斷惡緣。

咒術的日本史

呪術の日本史

加門七海

かもんななみ

陳嫺若 譯

前言

尋找《咒術迴戰》中詛咒的規則

從繩文時代流傳到現代的咒術

現代社會到處充斥著「詛咒」。不過，就算我這麼說，很少人會在日常生活中感受到詛咒的存在。從繩文時代到近代，人們面對超越人類智慧的現象、意外災害或疾病等不合理事件，都會求神保佑，或是仰賴咒術。但是由於科學技術的發達，現代人幾乎不用靠咒術就能平安的活下去了。

然而，晨間新聞中會介紹當天運勢，考季時，學生會在身上掛著「祈求上榜」的護身符。很多公司裡都設了神桌奉祀，從代表日本的一流企業到創投事業都有。或者是「襪子要從左腳開始穿」的魔咒也可以算是咒術的一種吧。

那麼如果你問我，咒術完全沒有效果嗎？倒也不能如此斷言。例如，眾所周知，有人吃了對病情沒有作用的偽藥，結果病人的症狀卻改善了，這是種「安慰劑效應」。咒術所帶來的心理變化，也有可能影響到人體。正因為如此，在科技發達的現代社會，人們還是會求神問卜，害怕咒術。

累計發行量突破三千六百萬冊的大熱門漫畫

芥見下下老師創作，自二〇一八年三月在《週刊少年 Jump》開始連載的漫畫《咒術迴戰》，就是以咒術和詛咒為主軸的故事。主角虎杖悠仁擁有超越世界紀錄級運動員的體能，在仙台的高中過著平凡的求學生活。但是，由於他撿到了號稱「詛咒之王」的兩面宿儺手指，害得同學被「詛咒」迫害。虎杖為了拯救同學，把手指吞了下去，因此兩面宿儺復活。虎杖雖然救了同學，卻成了兩面宿儺寄宿的危險人物。

虎杖謹記著祖父的遺言：「你很強大，多多拯救別人吧」「你要在眾人圍繞下死去，可別像你爺爺這樣」，進入東京都立咒術高等專門學校（咒術高專），希望成為驅除「詛咒」的咒術師，投入對抗將「詛咒」具象化的咒靈，和以咒術為惡的詛咒師。

二〇二〇年十月，動畫播放後立刻爆紅，到了二〇二一年三月，累計發行量突破了三千六百萬冊。在各處鋪排的伏筆，和以「咒術」為主題的人性故事、氣勢磅礡的戰鬥場面等，都獲得高度的評價。

「詛咒」帶給人幸福，也帶來不幸

在《咒術迴戰》當中，詛咒會以名為「咒靈」的妖怪現身。咒靈是從人類「負面情緒」產生的陰靈。從對他人的恐懼、對大自然的恐懼，進而對像是口裂女之類鬼故事的恐懼中誕生。驅除這些咒靈的咒術師，是將「詛咒」的「負面情緒」轉變為「咒力」，藉此對抗咒靈。而在《咒術迴戰》中，原本咒術師的立場應該是驅除咒靈，但是卻與咒靈連手，成為迫害人類的人（詛咒師）。這件事象徵性的表現了「詛咒」對人類而言，既有益也是禍害。

「詛咒」（呪い）在日文中有兩種念法「noroi」和「majinai」。「noroi」是向比人類高高在上的無形存在（神佛或惡魔等）祈求，降災在怨恨、憎惡的對手身上。而「majinai」則是向比人類高高在上的存在許願，去除災難或病況，或改變運勢。所以「詛咒」本身隱含著賜予或去除災難兩種意思。

只要生而為人，就無法逃脫「詛咒」，對別人的嫉妒與憎惡、對生病年老的恐懼，人們使用咒術來對付這些「負面情緒」。本書便要解開日本人們使用咒術的發展歷史，揭露《咒術迴戰》的背景。

《東錦晝夜競》玉藻前
九尾狐化身的玉藻前，其原型是鳥羽上皇的寵妃美福門院。上皇得了原因不明的病，陰陽師安倍泰成看破了她的真面目。

此外，本書也包含破梗爆雷的部分，所以建議大家先看過《咒術迴戰》之後再看本書。透過深深扎根在日本人精神土壤的「詛咒」歷史，若能令大家更加愛讀《咒術迴戰》，對我來說就是莫大的欣慰。

目次

◆第三章・古書裡記錄的咒術師群像

第1章

詛咒之國 日本的歷史

為什麼日本是詛咒之國？

新冠之禍曝露出日本人的詛咒

從「穢」的思想產生的歧視

二〇二〇年，新冠病毒席捲全世界，在這次新冠之禍中，出現了民眾對醫療人員與感染者的歧視。附隨新冠病毒而來的歧視，在世界各地都在發生，儘管規模大小各有不同。但是，日本對醫療人員與感染者表現出的強烈歧視，從世界的角度來看，可說近乎異常。

醫療人員的家人被迫辭去工作、被要求退出幼兒園等事件時有所聞。尤其對感染者的歧視特別強烈，甚至視他們如同罪犯。這種狀況並非首次發生。二〇一一年發生東日

掛在茅之輪上的娃娃和注連繩
日本有「穢」的思想，祓除穢的神事或咒術因而流傳下來。

本大地震的時候，民眾因為恐懼無形的放射線，福島縣的受害者遭到差別待遇。像這種對民眾挑釁的書信、塗鴉簡直就像是詛咒。

這些案例的根基，來自於日本人的「穢」思想。

日本自古以來的神道教信仰，極重視驅除穢、恢復潔淨這件事，他們認為，接觸到死亡或災害帶來的事物，靈魂也會受到影響。

而且只要一旦接觸到碰過穢的人，污穢就會轉移到自己的身上，這叫做「觸穢」。

《咒術迴戰》中描寫的觸穢思想

在《咒術迴戰》第十九話中出現了「殘穢」這個詞。殘穢是指咒靈觸碰的地方，或是行使術式（運用咒力的技巧）時留下的詛咒痕跡。如果是咒術師，他還能看得見。接觸點後來也會留下來成為穢，這種思考方式與日本傳統的觸穢思想不謀而合。

日本人愛乾淨的國民性，全球皆知。但是這種國民性源自於穢的思想。商店廁所提供隨用即丟的馬桶坐墊紙，和自動出水的水龍頭等日本獨創的產品，都是從討厭觸穢的精神文化所產生的。

以全世界來比較，日本新冠病毒感染人數、死亡人數占全國人口的比例儘管偏低，但是可以說其中一個原因，正是日本穢的思想深植人心，民眾衛生觀念極高的關係。它雖然帶來正向效果，但反之，也曝露出對醫療人員和感染者歧視的負面問題。

日本人用咒術驅除穢

伊弉諾尊的禊

伊弉諾尊從黃泉之國回來，在「橘之小門的阿波岐原」進行洗濯的時候生下天照大神、素盞嗚尊和月讀尊三神。

為了將穢隔絕在日常生活之外，人們用咒術與之對抗，這就是禊祓＊。穢與禊的紀錄遠溯神話時代，現存最古老的史書《古事記》和最古老的正史《日本書紀》中也有留存。在記紀神話中，創造日本列島和許多神祇的伊弉冉尊，在產下火神時遭到火傷而死。她的丈夫伊弉諾尊難忘妻子，便直闖死人的國度——黃泉之國。據說當他回到地上世界時，進行了禊（用海水或河水潔淨身心）的儀式，清除穢。

到神社參拜時在手水池清潔手與嘴，便是禊的簡化版。此外參加喪禮之後，在身上撒鹽，也是用海水行禊的簡化，以驅除死亡的穢。

＊譯注：神道教除穢潔淨身體的儀式，中國古代亦有這種儀式，指在三月上巳日臨水洗濯以袚除不祥。

現在仍在運用咒術的結界術

隔離穢的結界與「帳」

《咒術迴戰》中除了「殘穢」之外，對話中也出現了「穢」的文字。這是在展開名為「帳」的結界時的咒文。「帳」會隨著「由暗而出，比暗更黑，濁污殘穢，盡皆禊祓」（第六話）這句話一同展開，具有將帳之中與外面的空間隔開，限制知覺、電波、特定的咒靈與人類出入的效果。

另外，神社中的神官對神誦讀的禱詞，與「帳」的咒文也有相似之處。最基本的禱詞是在祭祀前進行修祓儀式（驅邪）時誦讀的祓詞。內容為：「將諸多之禍事・罪・穢物祓除清淨之。」

每年六月與十二月，全國的神社都會舉行大祓的活動。在大祓中，會將這半年來未察覺沾染的穢物，轉移到紙剪成人體形狀的「人形」上。這個人形會由神官放到河裡流走，表示穢物已除，主人將能無病止災。緣自大祓的護身符上寫著「蘇民將來之子孫也」。從前，執掌疫病之神——牛頭天王在旅行途中，向人借住一宿，一個名叫巨旦將來的大富人拒絕了他，但是他的弟弟蘇民將來雖然貧困，卻慷慨的招待他。牛頭天王將茅草環作為款待一晚的謝禮送給他，並告訴他蘇民將來的子孫將以此為證。從此之後，只要將寫有「蘇民將來之子孫也」的茅草環護身符貼在門上，就能阻擋疫病侵入屋內，擔當咒術結界的功用，守護家屋不受穢物所侵擾。

　　穢之思想的特殊之處，在於穢並不會消滅。在前述的手水池清潔或喪禮後撒鹽，穢會移到水或鹽（被隔離），只是脫離身體，並沒有消失。

　　在《咒術迴戰》第二十七話中，主角虎杖悠仁向起於對人恐懼的咒靈真人放話：「我要殺了你。」於是真人回答：「咒術師，是『祓除』才對吧？」這句話表示詛咒——即負向情緒的穢，是不會消滅的。

大雄山最乘寺的結界門（神奈川縣足柄市）
這道門有「不淨者不得由此進入」的意思，是區分聖域和俗界的的結界。

古代中國的咒術，現在日本仍在運用

在皇位繼承時舉行的古代咒術

二〇一九年，年號從平成改為令和，而「齋田點定儀式」則先於天皇的登基大典，在二〇一九年五月舉行。在皇位繼承時會舉行的一代一次重大祭祀——大嘗祭，而這個非公開的祕密儀式，則是為了決定在大嘗祭中使用哪個都道府縣的新米收穫地（齋田），儀式中會使用從古代中國殷商時代就盛行的龜卜（用火燒龜殼形成的裂痕來占卜吉凶）來決定。在中國，龜卜一直盛行到大約二八〇〇年以前的周朝時代，但後來式微。不過，龜卜傳到日本之後，一直傳承到今日。天皇作為日本國民的象徵，也有祭祀王的含意。皇居中設有神殿，稱為宮中三殿。天皇一年中所要舉行的重要宮中祭典就有二十四個。從這個例子便可知道，日本是如何看重咒術和占卜的國家。

在《咒術迴戰》第一三七話中有段台詞介紹了這個儀典：「把以皇居為中心重設的

結界，和幕末東京遷都候選地——薨星宮正上方為中心的結界，強行擴張到縣境邊緣。」薨星宮為長生不死的咒術師天元的居所，在它上方的咒術高專東京校與天皇所在的皇居兩處設有結界，可以說正是將天皇認知為祭祀王的設定。說句題外話，德川家康的智囊——天台宗僧人天海，曾為江戶城執行都市計畫中施以結界。那麼，「明治時代，以皇居為中心重設的結界」又是什麼呢？按推測應該是明治元年（一八六八）訂定的准敕祭社。敕祭社是祭祀中，派遣天皇使者——敕使的神社，畿內約有二十二社。隨著遷都東京，東京之內，也以敕祭社為準，選定了十二個準敕祭社。其中，位於二十三區之內的十社，圍繞皇居配置，現在稱為東京十社。准敕祭社的制度在明治三年（一八七〇）廢止，但是遷都之後，為了祈求新王都與百姓的安寧，所以派遣天皇的使者舉行祭祀。

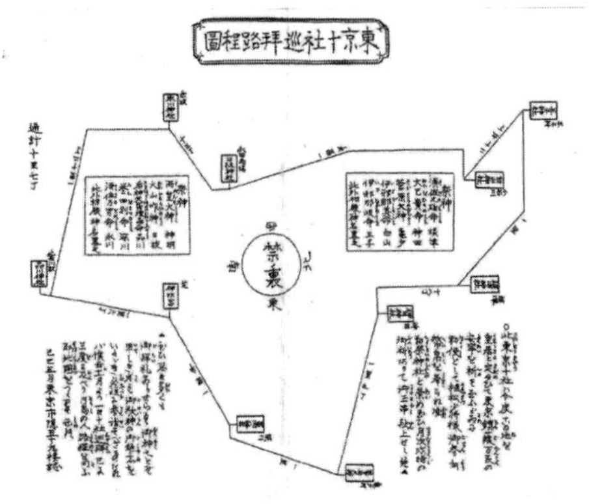

東京十社巡拜路線圖

神田神社（神田明神）、龜戶天神社、富岡八幡宮、芝大神宮、品川神社、赤坂冰川神社、日枝神社、白山神社、王子神社、根津神社將皇居（大內）圍在中央守護著。

天地萬物都有靈魂的「神之國」

咒靈在日本大量誕生的原因

《咒術迴戰》第一三六話中，統領咒靈與詛咒師的偽夏油，對日本國內只有四名的特級咒術師九十九由基說：「國外與日本相比，極少有咒術師與咒靈發生。」將日本設定為放眼全球都很突出的「詛咒之國」。

日本古代從尚未有文字的時代開始，就有以自然信仰為基礎的原創信仰，就是神道。神道中並不存在唯一絕對的神，山岳、石頭、樹木、風等所有物體都有神靈存在，因而可以八百萬神來形容之。甚至連人類或長年使用的工具，都會成為神。《咒術迴戰》中描述咒靈會從人類的「畏懼」中誕生，但是可以說日本因具有天地萬物都有神寄居其中的意識，所以才會有「畏懼」容易產生的精神土壤。

相對的，西方宗教大多信仰唯一絕對的神（ＧＯＤ），例如，猶太教、基督教、伊斯蘭教都是源自於同一位神，這三種主要宗教認為創造萬物的神，最後創造了人類，作為所有生物的統治者（靈長）。因此，除了敬畏GOD之外，不容易產生畏懼。

根據文化廳的宗教統計調查（令和二年度），各宗教的信徒人數，神道教系統約八九〇〇萬人，佛教系統約八五〇〇萬人，相加後大幅超過日本人口*，顯示大多數日本人並沒有歸屬於特定宗教。

日本從天地萬物都有神靈的泛神論衍生出神道，但是六世紀時佛教自中國傳入，又誕生了神佛習合的思想，認為日本的神與佛教中的佛是同樣的。除了佛教之外，從中國也傳來道教、儒教、陰陽五行說等，因而開創了陰陽道和修驗道。

因此，在日本，儘管都稱為咒術，但是大致可以分為好幾派，神道教派、源起於中國的道教派、從陰陽五行說獨自發展出的陰陽道派、雜密（空海之前的密宗）與日本山岳信仰等融合的修驗道派、由空海將之系統化的密宗派等五個系統。如同《咒術迴戰》中出現了許多性格豐富的咒術師，實際上日本本就存在著類型多元的咒術師。

*譯注：按日本二〇二一年四月的統計，人口為一億二五四一萬。

〔繩文時代〕先於文字出現的日本咒術

向自然界神靈祈禱的女神咒術

日本的咒術源自天地萬物都有精靈存在的自然信仰。四面大海環繞，國土有七成皆為山岳地帶，四季分明的日本得到大自然豐富的恩賜。因此，以狩獵採集為主的繩文時代，維持了一萬年以上。全世界只有日本有這麼悠久的狩獵採集社會。

但相反的，豐富的大自然有時候會給人們帶來災難，地震、颱風、洪水、季節變換、瘟疫的流行等，讓日本成為災難頻仍的地帶。因此，人民敬畏帶來恩賜和災難的神（自然），並向神祈求。

繩文時代的代表性崇拜物是土偶，到目前為止發現的土偶約有兩萬尊，大多是模擬女性製作的。可以推測當時人敬畏女性，與自然一樣能孕育生命，因而衍生出女神信仰。除此之外，另一個目的可能是弔祭因生產而死亡的女性。

而繩文文化的代表土器，不但是世界最古老，而且與世界各地的史前土器相比，它的造形之美的層次也很高。從有名的火焰形土器，到模擬巫女、孕婦的人形土器，據推測都使用在某些祭祀中。

土偶出土時大多都是破碎的狀態，發現時幾乎所有土偶都欠缺手腳或頭部。有的說法認為它們遭到人為破壞，實際上土偶是故意做成很容易破壞的器物。記紀神話中記載，食物女神被殺害後，身體長出各種各樣的穀物。因此也有學者指出，很可能人們破壞女神土偶，遍撒碎片，以祈求五穀豐登。

另一種說法認為，土偶乃是人的替身（形代），破壞土偶身上與自己患病或受傷的相同位置，祈求痊癒之物。土偶在彌生時代廢棄，但是，現在神社舉行大祓中，傳承了相同的咒術，將穢轉到人偶之上，放水流掉。

〔彌生時代〕用咒術統治的開始

多樣咒具的誕生

從繩文時代推移到彌生時代，社會發展成更大的集團，也受到大陸文化更大的影響。青銅劍、銅鐸、鏡等都用在咒術上。

銅鐸是彌生時代代表性的遺物，用途不得而知，「銅鐸」這個名稱，也是好不容易從八世紀的文件中發現的，所以不解之處仍多。到了古墳時代，它遭到人為破壞埋葬，所以，可以說是古墳時代被抹除的咒具。另一方面，天皇傳位的三種神器是鏡、劍、勾玉，可以知道彌生時代的咒術文化有其淵源。

在記述三世紀日本的《魏志・倭人傳》中提到，邪馬台國的女王卑彌呼行「鬼道」。「鬼道」在古代中國，指的是中國傳統中沒見過的宗教或咒術。中文的「鬼」原本是指死人，所以也可想成是舉行某種祖靈崇拜的祭祀。

神道是由自然信仰和祖靈崇拜兩者組成，是彌生時代從繩文時代的自然崇拜發展出來的祖靈崇拜為基礎。卑彌呼可以算是有文獻紀錄中日本最老的咒術師吧。

《魏志．倭人傳》介紹了古代日本人有刺青（入れ墨）的習俗，刺青的圖案依身分或地區而不同，漁夫就會刺青，然後去捕魚。咒術式的刺青文化傳說始於繩文時代，到了古墳時代逸失，不久後成為蝦夷等特定民族的習俗。

彌生時代的咒術
在吉野里遺蹟（佐賀縣神埼郡吉野里町）重現彌生時代的祭典景象。

《咒術迴戰》當中，虎杖悠仁的意識被兩面宿儺占領時，身體浮現出圖案。《日本書紀》記述的兩面宿儺是岐阜縣飛驒地方的豪族，起兵反抗大和王權，而在《咒術迴戰》的兩面宿儺也有反叛者的性格。這樣的描寫可以說充分了解古代日本咒術刺青的意義。

〔古墳時代前期〕神話記述的詛咒原點

謎團圍繞的「空白四世紀」

《魏志·倭人傳》有關日本的記載，在描述西元二六六年，繼承卑彌呼的女王壹與向晉國派出使者後便畫下句點。接下來出現的古代日本記述，是奈良縣天理市石上神宮收藏的國寶「七支刀」上刻記的銘文。文中寫道，這把刀於西元三六九年鍛造，是百濟王世子（後任國王）送給倭王的禮物。《日本書紀》神功皇后攝政五二年項目下，也有百濟贈七枝刀（七支刀）的紀錄，與刀上銘文相符。從《魏志·倭人傳》到七支刀紀錄之間約一百年間，誕生了日本第一個王朝——大和王權。大和王權的初期時代，被稱為「空白的四世紀」。

插句題外話，石上神宮是傳承伏黑惠術式——十種影法術主題神話的神社。伏黑在發動式神之一時念誦的咒文「布留部由良由良」就是這座神社相傳的鎮魂法禱詞的一節。

從考古學上探索大和王權雖然有其難度，但是記紀中記述了第一代天皇神武即位前的神話。伊弉*諾尊與伊弉冉尊夫婦神創造了地上世界（日本）、山、海、風神等形形色色的自然神。但是，在生下火神時被火灼傷，伊弉冉尊死去，伊弉諾尊前往妻子所在的黃泉之國，但見到妻子腐爛的模樣，大驚之下倉皇逃走。伊弉冉尊惱羞成怒，追趕丈夫，在黃泉比良坂處隔著大石對峙。伊弉冉尊對丈夫宣告「我將一天殺死一千人」，於是伊弉諾尊便回答：「那我就一天生下一千五百個孩子。」這可視為日本最早的詛咒（祈求降災於對方）和反轉詛咒。

《咒術迴戰》中出場的狗卷棘具有「咒言師」的特殊能力，而這是根據「言靈信仰」而來的，該信仰認為語言具有靈力，說出口的話會對現實產生影響。而伊弉諾尊和伊弉冉尊說的話，可以說是用言靈進行咒術的起點吧。

詛咒在日本建國上也扮演了重要的角色。根據《日本書紀》記載，神武天皇從南九州入奈良的路途上，為了降服攔路對抗神武入大和（奈良縣）的八十梟帥，運用了詛咒。也就是說正史明白記載了天皇家靠著咒術的力量樹立大和王權。

*譯注：弉音同奘，為日文漢字。

〔古墳時代後期〕咒術國家機構的誕生

從中國傳來大量最尖端咒術

古墳時代後期（飛鳥時代）是日本與海外頻繁交流的時代。中國的三大宗教——儒教、道教和佛教，以及從自然科學理解世界的陰陽五行說等知識傳進日本，因此原本的泛靈論信仰與各式各樣學術性知識交融，發生了典範轉移。

《日本書紀》裡，五一三年有五經博士自百濟渡海來日的紀錄。五經是指儒教的五部經典《詩經》、《尚書》、《禮記》、《周易》和《春秋》。其中的易經記載著咒術知識，即使現代仍用於易經占卜上。五經博士來日的四十年後，即五五三年，有了日本向百濟要求「希望能依照值勤制，輪替醫博士、易博士、曆博士」的紀錄。這段期間，日本與百濟之間建立了博士輪流來日的制度，由此窺知咒術也有了長足的發展。

陰陽五行說認為世界萬事萬物都是陰陽成對（男與女、天與地等），進而將萬物分成金、木、水、火、土五種元素，所有的自然現象，都是起於它們的組合。

此外，佛教是追求開悟成佛的信仰，道教是追求成為長生不老的仙人的宗教。這些最尖端的知識在日本獨立形成系統，融合道教、儒教、陰陽五行說，成為陰陽道。佛教、道教與日本自古的山岳信仰融合，產生了修驗道。另外，前述的龜甲占卜也是在飛鳥時代傳進日本。

晴明神社的晴明井（京都市上京區）
五芒星為安倍晴明設計的圖形，表現構成陰陽五行說世界的五個要素。

六七二年，發生了日本古代最大的內戰——壬申之亂，最後獲勝登基的天武天皇設立了陰陽道的機關——陰陽寮。在《咒術迴戰》當中，幾位咒術師主角就讀的咒術高專也是公立學校（對外是宗教系統的私立高中）。

傳說在壬申之亂中，天武天皇操作陰陽道的占卜工具「式盤」，因而取得勝利。《日本書紀》裡記載「長於天文遁甲之術」，天武天皇也是個道行高深的咒術師。

〔奈良時代〕國家的咒術管理

法律對咒術的規範

《咒術迴戰》第七十四話中提到「盤星教始於奈良時代，天元上人推廣日本例教的同時，也對術師講述道德基礎，是為濫觴」。事實上，奈良時代建立了咒術相關的各項制度，據說奈良時代是律令國家成熟的時代。律是刑法，令是刑法之外的行政法、商法、民法等法律。律令國家就是以制定律令的朝廷為中心的統治體制。而律令制也將咒術納入，即使在陰陽寮中，學習天文的天文生不准閱讀占術的書。而且陰陽寮內的人員不得私自擁有陰陽道相關的書籍或器物，否則將受到懲罰。

醫師、針灸師與咒禁師，歸屬於基於律令制度設立的醫療相關機構——典藥寮。咒禁師就是用道教咒術進行治療的咒術師。

朝廷最重視的是佛教，七四一年，聖武天皇下詔設立國分寺。經過奈良時代，全國都建立了寺廟，藉著佛教的咒法護持國家平安。經由這個方式用咒術管理國家與獨占。

奈良時代真實存在的「咒術規定」

奈良時代，一般大眾的咒術也成為規範的對象。依據律令制，強化了中央政權的權力，稅賦或勞力的負擔也增大。民眾向咒術求救，民間咒術師大受吹捧。朝廷認為民間舉行的祭祀是「淫祀」，把對國家帶來不良影響的學問稱為「左道」，都屬於處罰對象。《續日本紀》中記載：「崇淫祀，咒札等可疑之物充溢街路。」

《咒術迴戰》中，咒術界有規則，稱為咒術規定，禁止咒術師以咒術殺害非術師（平民），違反規定者會被判定為「詛咒師」。第七十七話，夏油傑以咒靈操術殺害村民一一二人，「按咒術規定第九條，判定其為詛咒師，而且予以處刑。」奈良時代也有與這第九條咒術規定相似的規定。《續日本紀》記載，七二九年，朝廷發出敕令：「藉厭魅（用咒術殺人）詛咒傷物者，首謀者斬首，從犯流刑」，將民間咒術的犯罪視為重罪。

〔平安時代〕咒術的全盛與怨靈的誕生

最強咒術——密宗的傳日與修驗道的完成

如同《咒術迴戰》第一三六話，偽夏油說：「再次迎接咒術全盛的平安盛世……！」在日本的歷史中，平安時代是最重視咒術、怨靈或鬼等鬼魂跳梁跋扈的時代。另外，號稱「詛咒之王」的兩面宿儺，也是設定了一千多年前的真實人物（第三話）。

八〇六年，空海自唐回國，將系統化的密宗帶進日本。它的影響甚鉅，短短時間，就壓垮既有的佛教勢力，成為咒術的主流派。

另一方面，過去的咒術主流陰陽道，也因為空海帶回陰陽道相關的典籍等功績，即將完成。相對於密宗舉行國家護持等官方大規模的祈禱，陰陽道則被用於扎根於天皇、貴族生活的咒術。貴族的日常生活漸漸調整了生活模式，像是當天要從事的活動、走向方位等都依循陰陽道而行。

咒術與怨靈跋扈的首都

平安時代出現了如空海、賀茂忠行、安倍晴明等卓越的咒術師，但同時卻也是怨靈威脅大增的時代。說起來，平安京遷都的原因之一就是怨靈作祟。七八四年，桓武天皇決定從奈良平城京遷都長岡京，但是，在七八五年，新都推動者藤原種繼遭人暗殺，後來逮捕了凶手，竟是桓武天皇之弟，早良親王。早良親王為抗議蒙冤，絕食而死。後來，桓武天皇的近親病死，又頻頻發生瘟疫或洪水等天災。桓武天皇召見陰陽師探詢原因，才知是早良親王作祟。於是僅僅遷都十年，長岡京便因詛咒之都而被廢，七九四年，再遷都依據陰陽道規劃都市計畫的平安京。此外，平安時代怨靈特別多，包括日本三大怨靈平將門、菅原道真、崇德天皇等，令百姓驚恐畏怖。

直到明治時代遷都東京以前，平安京一直是日本的首都。《咒術迴戰》第四話中，五條悟曾說：「按人口比例，詛咒更多且更強。」「地方與東京的詛咒層級也大不相同」，但當時的平安京才是咒術與怨靈作亂之地。

〔鎌倉室町時代〕利用在戰爭中的咒術

咒術對抗與怨靈封印的儀式

極度偏重咒術的貴族社會，不久後受到持有武力的武士威脅。一一八五年，鎌倉幕府成立，政權從貴族轉移到武士手上。咒術祭祀不再是國家的重心。即使如此，十三世紀元軍兩次來襲，全國神社佛寺舉行降伏蒙古的祈禱，後來元軍果然因暴風雨而撤退。一四六七年，室町時代發生應仁之亂，一把火將平安京燒成灰燼。不久後進入戰國時代，為了戰爭朝獲勝發展，或者提高戰鬥力，武士們積極的運用咒術，咒術轉變為支援武力的角色。

《咒術迴戰》中，負責與詛咒師、咒靈戰鬥的咒術師身邊，有個支援的職務叫做「輔助監督」。他不參加戰鬥，但是透過指示任務，或用「帳」、「式神」等輔助咒術師。戰國武將開戰之際，也會有擔任「輔助監督」角色的咒術師同行，他們叫做「軍配者」。

軍配者是占卜開戰或築城時日、進軍路線等，或觀察敵勢、天氣的軍師，也是支援戰事的咒術師。

一五六一年，統治山陰、山陽的尼子晴久、義久，與毛利元就之間，展開了一場稱得上是咒術大戰的戰爭。尼子軍在出雲大社、六所神社、大山寺等舉行怨敵降伏的祈禱。另一方面，元就在嚴島神社紮了尼子晴久的人偶，舉行降伏神禱，第七天，人偶的人頭落地。可能這個咒術應驗吧，晴久在那一天暴斃。

《江戶繪日本史》中畫的神風
神明出現在元軍上空，以暴風雨打敗元軍的過程。對於二次入侵的元寇，全國神社佛寺一同舉行怨敵降服的咒術。

不過，儘管戰爭造成大量民眾死亡，但是戰國時代的怨靈並沒有像平安時代那麼猖獗。可能是因為戰爭武將在戰事告捷時，會舉行封印怨靈的儀式。檢查斬下的敵軍武將頭顱時，會幫頭顱清理上妝，行禮後確認身分。若是死者露出含恨而亡的表情，就會舉行安魂的「首祭」儀式。

〔江戶時代〕咒術師建立的結界都市——江戶

靠咒術曼陀羅守護的江戶

戰國時代持續了百餘年後告終，開啟幕府的德川家康積極採行宗教統治。家康的智囊，人稱「黑衣宰相」的金地院崇傳在一六一二年發出基督教禁止令，不論身分高低，一律將人們歸屬於特定寺院，作為非基督教徒的證明。另外咒術成分低的儒教，也被用於政權運籌之上。家康重用的智囊，除了崇傳，還有天台宗的僧人天海。

天海將天台密宗與神道融合，開創山王一實神道。天海根據自創的理論，在江戶城施行咒術式的都市整建。以江戶城為中心，將供奉三大怨靈之一平將門的神田明神，遷到妖魔侵入的鬼門（東北）方面，仿傚把守平安京鬼門的比叡山，建立東叡山寬永寺。將過去位於江戶城內、供奉比叡山地主神的日枝神社，遷到鬼門反方向（西南方）的後鬼門。此外，江戶城的正北方有奉祀家康的日光東照宮，正南方有增上寺。博永寺與增上寺乃為歷代德川將軍的安葬之地，定為德川的家廟。

《咒術迴戰》第一一七話中，五條悟訴說禪院家與五條家交惡的一幕，他說：「是江戶時代？還是慶長？我不記得了，總之當時的當家在御前比試中，動了真格，互相砍殺，兩人都死了。」金地院崇傳與天海也是在家康死後，於二代將軍秀忠面前爭執不下。那並不是慶長年間，而是慶長結束兩年後的元和二年（一六一六），就家康的祭祀方法，崇傳認為應用日本傳統信仰——神道的「明神」神號，而天海根據自己開創的山王一實神道，主張「權現」的神號*。天海認為豐臣政權之所以短命，就是因為供奉秀吉為豐國大明神，他的主張得到採納，將家康奉為東照大權現。

家康的安葬地日光東照宮與江戶城的距離，和京都御所與祭祀皇祖的伊勢神宮幾乎相同。也就是說天海將家康奉為與皇祖同樣的神格。而且，建立寬永寺的上野，以前原是五條天神社，奉祀在相殿的菅原道真像，據說是一六四一年由天海開眼奉祀。漫畫中設定菅原道真為三代怨靈之一，五條悟乃是其子孫。禪院家與五條家在江戶時代的爭執，和金地院崇傳與天海的神號爭議，確有幾個共通點。

*譯注：權現，即佛菩薩示現化身，因日本受佛教影響，認為日本神皆為佛菩薩化身的形態，因而權現作為日本神的神號之一。

〔明治時代以後〕政府明令禁止咒術

明治時代，咒術界受到毀滅性打擊

每個時代的政權都會在經營國家上，利用各式各樣的信仰。到了明治時代，新政府採用神道，早自一八六八年（慶應四年，即明治元年），便將佛教傳入後長達一千三百多年的神佛習合（將神與佛視為相同的思想）文化改掉，推行神佛分離。重新重用律令制度時代的神祇官，推動以神道管理國家，但同時佛教被打入冷宮，部分地區發起廢佛毀釋運動，破壞寺廟與佛像。

遭到壓制的不只是佛教，明治三年（一八七〇），政府發布天社禁止令，禁止陰陽道，也廢止陰陽寮。進而在明治五年（一八七二）頒布修驗道禁止令，有一部分轉型為神道系教團，得到新政府承認，稱為教派神道。新政府企圖藉由壓制咒術，推動日本的現代化。

新政府將神道之外的宗教驅出國家體制，但是咒術並沒有完全衰微，在民間，咒術依然傳承下來，像是高知縣物部村的「伊弉諾尊流」傳授陰陽道系咒術，青森縣恐山懂招魂術的潮來（巫女）等。此外，前述教派神道系教團的一支，也在教義和儀式上反映出陰陽道和修驗道。明治時代以後對咒術的管制在戰後解除。

《咒術迴戰》中提到明治時代的事件，應該是第六十話加茂憲倫施展的咒術實驗吧。明治初年，有個女子體質特異能懷上咒靈的孩子。於是憲倫讓她九次懷上咒靈與人類之間的孩子，再九次墮胎，利用這個方式創造出特級咒術「咒胎九相圖」。

明治時代雖然禁止施行咒術，但人們對黑暗力量的興趣未曾稍減，他們的目光轉向靈異現象、超自然現象、超能力，掀起神祕學熱潮。而且自稱懷有超自然能力的人士陸續出現，他們就像第六十話中「體質特異、能孕育咒靈之子的女子」般，如長南年惠據說能隔空取出神水，御船千鶴子自稱有千里眼，能看到遠地的事物，而長尾郁子則稱懷有透視與念力的能力等。

漫畫中，將進行咒術實驗而被歸為異端的咒術師憲倫設定為明治時代的人物，這與當時咒術界走向一大轉捩點，許多自稱超能力者的人物，趁著神祕學熱潮崛起正好吻合。

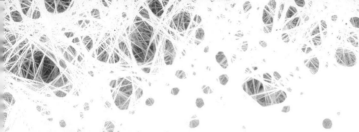

〔專題〕

國家主導詛咒復活的太平洋戰爭

明治維新後，日本努力建設近代化國家，將咒術定位為迷信。但是，美日開戰之後，在物力與工業實力遠遠不及的日本，走到窮途末路之際只能依賴原本否定的咒術。一九四五年一月，傳說密宗開始舉行詛咒美國總統富蘭克林．羅斯福的祈禱會。一說全國各地的密宗高僧齊聚東京，也有一說他們分散在全國的寺院舉行，但由於沒有留下詳細紀錄，因此實情不明。電影《帝都大戰》中也描述了同樣的場景。

富蘭克林．羅斯福
太平洋戰爭時的美國總統羅斯福在戰爭結束前夕，遽逝於一九四五年四月。

詛咒開始的三個月後，四月十二日，羅斯福總統正讓人畫自己的肖像畫時，突然昏倒不起，與世長辭。死因為腦溢血。繼任總統的哈利．杜魯門繼續領導作戰。八月十五日，昭和天皇發表玉音放送，日本結束戰爭。

第②章

《咒術迴戰》中出現的日本咒法

日本自創的五種咒術系統

融合中誕生的日本獨創咒術

世界上屈指可數的咒術大國

《咒術迴戰》當中，每個咒術師或咒靈各自都使出具特色的「術式（利用咒力的技巧）」和「開展領域（結界）」，而實際上，日本歷史上出現的咒術數量多，而且變化多端。

前面也提過日本是詛咒之國，從詛咒產生的咒術質量，在世界上也是屈指可數。原因在於日本寬容的接納各種宗教的咒術，進而組合多種宗教，創造出日本獨特的咒術。

本章中，我們就來一一解說，在日本發展的五種咒術系統（神道、道教、陰陽道、修驗道、密宗）。

從日本太古時代孕育出來的神道系咒術

日本獨創連接靈魂的咒術

神道沒有明確的教義或戒律，它的信仰基礎是神話。在記紀神話中出現了相當多表示咒術的文字，像是「noroi（念咒）」「majinai（符咒）」「tokoi（詛咒）」「ukei（誓約）」等。神道咒術的泉源是「靈魂」。神道系咒術中以活化、轉換、喚回靈魂的力量，來引發超自然現象。《咒術迴戰》在很多場景中，描寫因對人恐懼而產生的咒靈真人談及「魂的形態」。「無為轉變」術式中，藉由改變人的靈魂，變化成異形的軀殼。這種術式可以說源自於神道萬物由靈魂形成的思想。

神道裡將靈魂大略區別成兩種性格，帶來恩惠的「和魂」與性格粗暴的「荒魂」。例如，雨水滋潤田地，孕育作物，但另一面卻又會引發洪水。神道系咒術可以說就是安撫粗暴神靈的靈魂，轉換成恩惠。

從中國傳來的道教系咒術

來自中國治療病痛的咒術

從中國傳來的許多咒術中，最早來日的是道教系的咒術。道教系咒術歸屬於施行宮中醫療的機構典藥寮，和陰陽道官立機關陰陽寮一起由國家管理。《咒術迴戰》當中，出現加速復元、阻止傷口惡化的反轉術式，這在道教系咒術稱為咒禁道，咒禁師是專門職，以咒術治療病痛。在中國唐朝的醫書《千金翼方》中，記載了各種使用咒禁的治療法，像是對引發瘧疾的瘧鬼（引起瘟疫的鬼）封印其行動的咒文等。日本也仿傚唐朝，設置咒禁師。

但是，在日本，吸收道教的陰陽道、修驗道等興起，進而空海帶了密宗回來，所以咒禁道衰微。貴族們向日常生活的方針——陰陽道和最新的密宗尋求醫療的功能。因為這種情形，咒禁的官職在九世紀末撤銷。

日本獨自發展的陰陽道系咒術

可應付各種狀況的萬能咒術

說到咒術，最先想到的還是陰陽師吧。電影和小說都描寫過這號人物，所以，「日本版魔法師」的形象已可說是深入人心。平安時代，陰陽道受到貴族的支持，因而它對日常生活形態有著全面性的影響。所謂的陰陽道，是將天文曆法、占術，以及解釋世界結構的陰陽五行說理論，整理成系統的學問。陰陽道系的咒術，就是藉由操縱這些理論，預測未來，連接無形世界的結構，以此來操作有形世界。

陰陽道與神道有很多共通點，兩者之間的不同之處在哪裡呢？各位不妨把陰陽道想像成操作無形世界背後的齒輪，而神道則是利用萬物具備的靈魂能量就行了。陰陽道系的咒術從病痛療治到降服邪魔、國家規模的護衛等，所有的狀況不論大小，都能臨機應變的應對，算得上是便利性極高的咒術。

從山中修行得到操縱力量的修驗道系咒術

生於民間的咒術

自奈良時代以後，絕大多數的咒術都納入國家管理之下，相對於此，民間產生的修驗道，則是以日本山岳信仰為基礎，結合道教與密宗的信仰。他們在神、鬼盤據、杳無人煙的山中修行，終極的目標是成為長生不老的神仙。修驗道的開山始祖是七世紀的人物役小角，不過由於他施展迷惑民眾的邪法，被流放到伊豆大島。但是，小角留下許多超人的傳說，像是夜間飛行，到富士山裡修行等。山中有製作藥物的草藥、蕈類、製作化學藥品的礦物資源等。修驗者從這些資源中製作藥物，連同咒術，用以醫治民眾，因而得到民間的支持。

修驗道與神道、咒禁、陰陽道等咒術不同，可說是用提高自己身心層級而誕生的咒術。以《咒術迴戰》來說，並非先天具有的「黑閃」術式等，就是修驗道式的咒術。

空海攜來的最強咒術——密宗系咒術

與各種佛連結的咒術

密宗是具有理論性且具系統性的咒術，在過去的日本不曾有過，自鎌倉時代以後，不論朝廷或武家政權，在國家的重要祈禱上都使用密宗。密宗分為兩個系統，一是拜空海為祖師的真言宗，和以最澄為祖師的天台宗。而密宗元素對佛教的所有宗派都有影響。密宗系咒術的特色在於經由儀式借助佛力。按佛教的說法，佛為了救苦救難，會以各種姿態現身。不同的佛都具有各別專門的能力。密宗系咒術的話，會依據許願內容，連接適當的佛，發揮祂的能力。例如：降服敵人時，就會連接以武力護持國家的佛——大元帥明王之力（大元帥法）。

以上大致解說了日本五大咒術系統，接下來就從《咒術迴戰》中出現的術式，介紹真實存在的咒術吧。

陰陽道系 從伏黑惠十種影法術看「式神」

安倍晴明使喚的式神——十二神將

《咒術迴戰》當中，主角虎杖悠仁的同學伏黑惠擁有十種影法術的術式，是咒術三大家之一——禪院家代代相傳，可以使喚十種式神的咒術。式神的「式」字有「使用」的意思，陰陽道之下的式神，有神靈系與操作系兩個種類。

古書《大鏡》記述了這樣的故事。在花山天皇出家時，經過安倍晴明的家門前。晴明以靈力察覺天皇出家，便在家中拍了拍手說：「立刻備車。」一名式神前往內裡（宮中）。」式神推開門來到門外，向晴明稟告：「剛才帝經過門前。」式神是一般人肉眼看不見的神靈，擔任陰陽師僕人的角色。

傳說晴明手下的式神有十二神將，在《源平盛衰記》一書中，晴明之妻害怕式神十二神將在家中來回走動，因而晴明平時將他們藏在京都一条戻橋下，有需要時才解除咒縛，將他們喚出。

這十二神將，指的應該是陰陽師占術器具「式盤」上記載的十二天將。此外，《咒術迴戰》第一一七話出場的十種影法術中最強式神「八握劍　異戒神將魔虛羅」，它的原型應是佛教十二夜叉大將之一摩虎羅。

伏黑惠的式神在古籍中的記述

另一種操作系的式神，是陰陽師利用咒力，將紙片或木片等無生物變化成動物等的形貌加以操縱。一旦目的達成，就會恢復成原本的紙片或木片。如《咒術迴戰》的十種影法術的術式神——鵺在第七話中出場，它是種面如骸骨的怪鳥，而在《宇治拾遺物語》中有這樣的故事。

晴明受藤原道長的委託，發現了遭到詛咒的東西。他從懷中取出紙來，打結後施以咒

《大日本史略圖會》晴明的奇術　紙化為鳥振翅飛去圖
晴明從懷中取出紙來，打結後施以咒語。於是紙變成了白鷺式神，飛到下咒的蘆屋道滿家中。

語。於是紙變成了白鷺，飛到下咒的咒術師蘆屋道滿家中。

《宇治拾遺物語》還有另一則故事，藏人少將準備入宮時，烏鴉飛來將污物丟在他身上。晴明識出這隻烏鴉是式神，便告知少將他被施了詛咒，性命不保。然後，又運用咒術解除危機。被晴明識破的式神被打回施詛咒者所在之處，因此第二天他懺悔自首。

與式神相關的白犬與蟾蜍故事

伏黑十種影法術的式神原型，在晴明的故事裡還有另外兩個。一是進行偵察和戰鬥的式神，玉犬「白」。前述《宇治拾遺物語》藤原道長的故事中，道長前往法成寺時，飼養的白狗咬住他的衣服，不讓他進寺門。道長感到納悶，便與晴明商量。道長的白犬察覺咒物所在，這與伏黑進行偵察的玉犬「白」相同。

此外，蟾蜍也是伏黑的式神之一。《今昔物語集》中有這樣的故事。

某一天，貴族聽聞晴明說到咒殺，便要晴明將院內的蟾蜍殺掉。晴明雖然不太情願，但還是向草葉施咒，使其變成式神飛起。而當這些草葉一碰到蟾蜍，蟾蜍便立刻被壓扁死去。

《御堂關白殿之犬》
藤原道長正要跨門而入時，白犬咬住他的衣服不肯放開。門內地下埋著詛咒道長的咒物。

從釘崎野薔薇芻靈咒法看「厭魅」

神道・道教系

誕生於咒術全盛期的代表性詛咒

說起詛咒最典型的印象，大概就是用按照詛咒對象紮成草人偶，用五寸釘刺入的丑時參拜吧。《咒術迴戰》當中，虎杖的同學釘崎野薔薇的芻靈咒法術式「共鳴」，也是用金鎚和釘子將對象的一部分釘進草紮人偶，藉此傷害對方。芻靈是古代中國用於咒術或陪葬器的草紮人偶，因為它讓人想到丑時參拜，所以第五話最前面施展的時候，虎杖喃喃的說：「草人?陰沉!」

丑時參拜最早出現在平安時代，那是咒術的全盛時期，九世紀，貴族之女宇治的橋姬妒心很重，某日她到京都市鞍馬山的貴船神社參拜，閉門七天祈求神明「願生而化為厲鬼」。於是貴船明神賜予神諭，傳授方法。那方法就是將頭髮分成五份，以松脂固定造出頭角，將身體塗成紅色，頭頂戴著火缽架點上蠟燭。然後在宇治川以清水淨身二十一日，不得被人發現。於是，那女子果然如願所償，化為活的厲鬼。

現在也有人舉行的丑時參拜與交感咒術

現在進行的丑時參拜，並不是讓自己化成厲鬼，而是和釘崎的術式同樣對敵人造成傷害。方法是先穿上白衣，掛上神鏡，腳著一齒或三齒木屐。若是女子，口銜櫛子、將火缽架倒過來，點上蠟燭戴在頭上。事先準備好稻草人偶，將詛咒對象的頭髮、指甲、污物包在其中。於丑時三刻（凌晨二－三時）用金鎚和五寸釘將人偶釘在木頭上。丑時參拜基本上要施行七天，若要咒死對方，就把釘子釘在心臟的位

《御代參丑時詣》
傳說宇治的橋姬得到貴船明神傳授的咒術，活著變成鬼進行了丑時參拜。

置，若是要讓他煩憂，就釘在頭部，或是其他想讓對方疼痛的位置。進行丑時參拜時，絕不可讓別人看到，包括在路上也不行。

類似的詛咒廣為流傳，即使沒有執行丑時參拜，也有人在憎恨的對象照片釘釘子，或是用刀劃破照片等。英國社會學家詹姆斯・佛雷瑟將這種行為稱為交感咒術。

交感咒術的形成需要兩個元素，一是稱為「類感咒術」，藉由損傷與對方類似的物體（稻草人偶或照片），對該對象產生影響。另一種叫做「感染咒術」，在對方接觸過的東西（頭髮、指甲、穿舊的衣服等）施加咒術，對對方產生影響。

從芻靈咒法「共鳴」了解共鳴咒術的理論

在《咒術迴戰》裡，釘崎使用的芻靈咒法「共鳴」的發動條件，正是「類感」與「感染」。從第六十一話與壞相、血塗兄弟咒靈的戰鬥就可以充分了解。血塗利用蝕爛腐術的術式，將自己的血變成刀刃，攻擊釘崎。釘崎用稻草人偶代替自己受傷，給對手造成傷害。進而，與血塗擁有同樣血液的壞相也受到芻靈咒法「共鳴」的影響。

芻靈咒法「共鳴」並非只能用在稻草人偶上，只要有形狀類似的東西都能發動，而且與對方的一部分或接觸物相互作用，從這裡就可以知道它與交感咒術的「類感」、「感染」都源自相同的理論。

世界各地都有人施行交感咒術，而日本繩文時代的土偶中也能看得到。此外，每年六月和十二月全國各地神社舉行的大祓，會在剪成人形的紙片寫上名字和年紀，然後吹一口氣，搓一搓希望痊癒的紙人身體部位，將人形放水流掉，藉以驅除身體的污穢。這可以說正是交感咒術的典型事例。

大祓使用的人偶
在剪成人形的紙片吹一口氣將穢轉給它，作為自己的替身，以此祓除災厄。

現代依然在舉行大祓或丑時參拜等傳統咒術，是因為它們都具有交感咒術的要素。而芻靈咒法「共鳴」稱得上是最像咒術的咒術。

密宗系

從五條悟的術式看「虛空藏求聞持法」

領域展開、無量空處與密宗祕法

記憶無限資料的密宗祕法

《咒術迴戰》中，現代最強的咒術師五條悟的術式，叫做無下限咒術，是利用「無限」的咒術。

第十四話中，五條說：「所謂的無限，原本就是無所不在的東西喔。」「我的咒術只是把無限帶到現實之中而已。」這套無下限咒術的精髓，是領域展開與無量空處。

領域展開是指「用咒力在周圍築起附加術式後的生得領域」，說得簡單點，就是「將咒力作為材料，在將自己心中的世界呈現在現實世界的結界」。

施展領域展開的咒術師在這個領域內，力量會被強化，運用術式的攻擊一定會命中對方（第十五話）。

無量空處在「無下限的內側」，走進其中，就會被「強迫無限次進行『知覺』『傳達』等『活著』的行為」。

進入無量空處的特級咒靈漏瑚，因為「看得見一切！感覺得到一切！但資訊湧入永遠不會有盡頭！」而處在什麼都做不了的狀態。

如漏瑚所體驗到的，的確存在著資訊無限流入腦內狀態的咒術。那就是虛空藏菩薩以「虛空藏求聞持法」的祕法，擁有虛空藏與無量（難以計數的量）智慧與功德。

空海撰述的《三教指歸》中提到，將虛空藏菩薩的真言（咒文）一天念誦一萬次，連續一百天，就能得到記憶所有見聞和知覺的事。

虛空藏求聞持法與無量空處的共同點

空海在赴唐之前，曾在室戶岬的御廚人窟修行這套虛空藏求聞持法。虛空藏菩薩是破曉的明星——金星的化身。空海在心中觀視破曉的明星，一面在洞窟中修習虛空藏求聞持法，某天黎明，明星如同往常升起時，明星驟然光芒大增，同時開始移動。不久，這團光來到洞窟前，帶著凌厲的衝擊飛進空海的口中。《咒術迴戰》第十五話把無量空處描繪成星星滿布的宇宙空間。這種描寫與表現虛空藏菩薩無量無邊的宇宙空間相同。而空海因而修成虛空藏求聞持法，得到了無限的記憶力。此外，空海的名字就是取自此時從修行的洞穴看到「空」與「海」的風景。

後來，空海將系統化的密宗傳進日本。空海原本打算在唐留學二十年，卻在兩年後就結束了，這應該歸功於修成虛空藏求聞持法帶給他無限的記憶力吧。修成虛空藏求聞持法獲得高能的僧人有空海的弟子道昌、真濟和覺鑁等，但是還有很多僧人留下修習這項祕法時死亡或精神失常的紀錄。這說明了虛空藏求聞持法是極嚴酷的苦行，另一方面也顯示記憶無限資訊這種能力的危險性。

人會選擇取捨資訊，只吸取必要的資訊，如果身懷記憶一切資訊的能力，會給大腦過多的負荷。《咒術迴戰》第八十九話就說明了這一點。五條在非術師（普通人）當中，只用了〇・二秒領域展開無量空處，結果「非術師大腦被灌輸了約半年份的資訊，所有人呆立著失去意識」。

御廚人窟（高知縣室戶市）
空海修成虛空藏求聞持法的洞穴。從這裡看到的天空和大海風景，而開始自稱「空海」。

這是因為大量的資料讓腦部陷入僵立狀態。在無量空處下，連特級咒靈漏瑚都無法動彈。若是普通的咒靈或非術師，恐怕就性命不保了。

虛空藏菩薩和無量空處的能力，只有空海或五條這種高人才能應付得了，稱得上是超過規格的法力。

無下限咒術的顏色意義

對應虛空藏菩薩五大顏色的無下限咒術

收編在《咒術迴戰》第二集的解說裡，用「阿基里斯與烏龜」的數學性解釋，來說明五條悟的術式——無下限咒術。經由領域展開、無量空處解釋了密宗的虛空藏求聞持法，不過，無下限咒術與「虛空」也有關聯。

在佛教用語中，「虛空」代表了「雖然無任何阻礙、空無一切，但是一切還是都存在」。這正是無量空處的世界。佛教用語「虛空」在使用漢字的地區裡，是表示小數的單位，一虛空等於一垓分之一（一垓相當於一兆的一億倍），是無限的小數。

五條悟的術式——無下限咒術最正統的用法，是在對手攻擊中，發出「無限」的防御方法。第十四話，咒靈漏瑚發動攻擊，但五條悟卻毫無損傷。漏瑚驚呼：「我確實碰到你，殺掉你了！」五條回答：「你碰到的是……我和你之間的『無限』喔。」這空間微小到讓人錯覺有碰到，正是施展在小如「虛空」空間的障礙。

無下限咒術憑藉「無限」的使用方法，可以有種種不同的變化。

像是「中立的無下限咒術」的抑制力（「無限」製造的障礙），強化吸引力，讓物體互相移動碰撞。用於瞬間移動的無下限咒術「蒼」，由「無限」產生排斥力的無下限咒術「赫」，碰撞「蒼」與「赫」的「無限」，擠壓出假想質量的虛式「茈」（第七十五話）。

從這裡可看出無下限咒術的名稱分別都取了顏色的名字，而虛空藏菩薩裡也有表現五種智慧的五色變化，分別為法界虛空藏（中央・白色），金剛虛空藏（東方・黃色）、寶光虛空藏（南方・綠或藍色）、蓮華虛空藏（西方・紅色）、業用虛空藏（北方・黑或黑紫色），配置不同的方位與顏色，總稱為五大虛空藏菩薩。

「中立無下限咒術」可以對應位於中央的白色虛空藏，而無下限咒術的「蒼」「赫」「茈」分別對應到各顏色的虛空藏。唯一尚未出場、與黃色相關的無下限咒術，也許未來也會出現。

道教系

從家入硝子的反轉術式看「咒禁」

存在於日本的醫療咒術師

《咒術迴戰》第七十六話描寫五條悟變得最強的過程，同學家入硝子聽到五條說：「讓無下限咒術幾乎隨時保持在啟動狀態。」他擔心的問：「一直保持啟動的話，你的腦袋會燒掉喔。」五條答道：「只要還在自我補充的範圍內，反轉術式也能持續運轉，新鮮的大腦隨時送到。」反轉術式是一種治療肉體，使之復活的咒術。五條辛苦的一面讓大腦過熱，同時又讓它復活。

依據第七十四話裡他的解釋，反轉術式是「咒力是負面能量，能夠強化肉體，但卻無法使肉體再生」「所以負面能量相乘，來產生正面能量」。將本來具有傷人負面能量的咒力相乘（負乘以負）得正的效果，就能治療、復活身體，五條的同學家入和五條都能使用反轉術式，治療與詛咒師或咒靈對戰時受傷的咒術師。有些人的反轉術式甚至能讓斷臂再生。

能治療疾病或傷口的咒術不少，只是不像反轉術式那麼厲害。在日本歷史中，確實有像家入那種擔任「醫生」角色的咒術師。那就是施行道教系咒術的咒禁師。

在《醫疾令》裡記載了關於咒禁師的規定：「咒禁生應學習咒禁解忤持禁之法。」解忤是讓身體因咒禁而受到種種邪魔、異類的傷害得到解脫的咒術。持禁則是持杖或刀念誦咒文，停止病人體內氣的遊走，驅除當中的鬼怪或魔物的咒術。

持禁還能驅除猛獸、毒蟲、盜賊之害，使身體變硬，產生刀槍不入，火、滾水不傷的效果。除了治癒身體外，可以說這種咒術與五條的「中立無下限咒術」相通。

陰陽道系

從新田新的術式看「身固」

安倍晴明施展的鎮魂術「身固」

新田明的弟弟新田新是咒術高專京都校一年級學生，他擔任輔助監督，會使用類似反轉術式之術。在《咒術迴戰》第一二七話中，他向負傷的虎杖悠仁施展術式，並且說：「你之前受的傷不會再惡化了。」「雖然並沒有治好，但是止住了出血，疼痛也緩和多了吧。」

相對於反轉術式能夠治好或重生身體，新田新的術式是應急處置的術式，前提在於後續要接受正式的治療。新田新還說：「如果再受到攻擊的話，還是會受傷，到時候我的術式也沒轍！」所以可以推測它並不能產生前述咒禁之法那種效果。

新田新的這種術式，與陰陽道的「身固」十分相似，這是一種讓靈魂固定在身體中，不會離散的咒術。

《宇治拾遺物語》中，藏人少將準備進宮時，式神變成烏鴉的模樣飛來向他施咒。於是安倍晴明對少將施以「身固」術，緊緊抱住少將的身體，念咒一整夜。因此少將的魂不致脫離身體，免於被詛咒而死。

在第一二七話中，釘崎野薔薇受到咒靈真人的攻擊，半邊臉消失了。新田新也施行了術式，然後說：「呼吸和脈搏都已停止，不過時間還算短，並非沒有得救的可能。」可以說是與將靈魂固定在身心的「身固」術有著相同的特徵。另外，剛才在反轉術式介紹的治療系咒術——咒禁，到了平安時代漸漸廢止，但是咒禁並沒有完全消失，它被陰陽道吸收，納入咒術的一部分。

在《咒術迴戰》第二集中，主角說反轉術式是「咒力操作」，並不是「術式」。描述反轉術式需要「高度的咒力操作」，但是是更原始的咒術。這件事也可視為它象徵性的顯示反轉術式與新田新術式，與咒禁和陰陽道的關係。

話語具有對現實世界作用的力量

《咒術迴戰》中，虎杖悠仁的學長狗卷棘懷有特異功能，他雖是咒術高專東京校二年級學生，卻被列入準一級咒術師，使用的咒術是狗卷家代代相傳的高等術式「咒言」。咒言是一種「言靈增幅、強制的術式」，讓對方按照所發出的話語強制行動，或者引發現象。

日本的神道認為天地萬物都有神靈存在，連無形的語言也有靈力，這種想法叫做「言靈信仰」。把「言」視為「事」，說好話就能帶來吉利的事，說壞話就會招來凶事。日本最古老的詩集《萬葉集》有「言靈的幸福之國」，人們認為口中發出的語言，能對現實世界造成影響。而狗卷的術式——咒言，就是源自於這種言靈信仰的能力。

《古今集假名序》一書提到有關言靈的威力，了解其能力本質，有能驅使者「可動天地」，也就是說古人認為它能隨心所欲的操縱世界。

用語言令之死亡的言靈力量

狗卷是個只用飯糰餡料作為對話字彙的人，他的同學突然變異咒骸貓熊說過：「用強力的語彙，也會受到強大的反作用力，最壞的狀況下，詛咒會反彈回自己身上。」「所以限縮彙，也是為了保護自己喔。」（第三十三話）

日本人也有不胡亂發言的文化，神道不樂見「言舉」，意思是把事物明確化，用語言說出來，認為不胡亂發言是一種美德。日語的文法會把結論留在最後，或日本人喜歡委婉的表現，其根源都來自於對「言靈」的畏懼。即使是現在，都還保留著結婚典禮上忌諱說「分開」「切斷」「破碎」等字眼，考試不可說「落下」等字的習慣。

位於群馬縣富岡市的一之宮貫前神社會舉行「御鎮神事」，這項特殊儀式一般俗稱

《月耕隨筆》葛城山狩圖
言靈之神一言主以野豬的模樣出現在前往葛城山打獵的雄略天皇面前。

「無言神事」。人們在廳堂穿著草鞋，提著燈籠走到外面，經過參道，將供品獻給稱作「御鎮大神」的塚上。據說神事中穿的草鞋有驅魔的效力。神事雖然在夜裡舉行，但是一看到侍奉的神官，周圍的人家就會立刻關燈，頭蓋棉被降低氣息，以免干擾到神事。據說在舉行神事時，神官一句話都不准說，若是發言就會死亡。據傳過去有位神官在神事中外出時，習慣性的問了句：「火點著了嗎？」第二天便驟然過世。可以說這項神事表現出語言有多麼強大的力量。

和語言有關係的神，不能不提一言主。祂是奈良縣葛城山的神，《古事記》中記載，雄略天皇打獵時路過葛城山時，一言主現身囑道：「吾乃壞事一言，善事一言的神，一言主之大神是也。」從此被奉為言靈之神，奉祀這尊神的葛城一言主神社，也保留著無言參拜的風俗，信徒從離開家到參拜回家為止，不得開口說話。

狗卷家是加茂家的遠親嗎？

葛城郡是賀茂家本家所在，賀茂家後來成為陰陽道的大家，誕生了安倍晴明的老師賀茂忠行及其子保憲等大師。賀茂家代代傳承陰陽道，在朝廷上舉行儀式。《咒術迴戰0東京都立咒術高等專門學校》（後簡稱《咒術迴戰》前傳）最終話提到，狗卷嘴與舌上的紋路是蛇眼與蛇牙的「咒印」。傳說賀茂家的祖先——三輪山的神曾化身為蛇現身。而且另一個賀茂家族出了研究言靈的國學家賀茂真淵。

《咒術迴戰》的「咒言」設定為狗卷家相傳的術式，但從前述可以看得出，狗卷家與歷史上的賀茂家關聯性很高。《咒術迴戰》裡加茂家以咒術三大家之一出場，也許狗卷家與加茂家有遠親的關係。

神道系

從加茂憲紀的弓矢看「蟇目神事」

箭矢具有驅除妖魔靈力

《咒術迴戰》中有個用弓箭的人，他是加茂憲紀，咒術三大家之一——加茂家長男，使用加茂家相傳的術式「赤血操術」，故事中描寫他如何「在無視物理方式的軌道」上自由操縱沾了自己血液的箭（第四十三話）。

弓箭自古以來就被視為具有祓除妖魔的力量，即使是現在，神社佛寺仍把破魔矢當成吉祥物。《平家物語》中敘述近衛天皇的皇居清涼殿出現了鵺，源賴政受命以弓箭將牠制伏的故事。此外，討伐平將門的藤原秀鄉，也是弓箭高手，傳說他以弓箭射死了有百隻眼睛的巨大百目鬼和大蜈蚣。

現在也有舉行用弓箭除去陰靈、妖魔的神事，叫做蟇目神事。蟇目是將矢鏃中心挖成空洞，再開幾個小孔，因此放箭時會發出聲響。這種有聲音的箭叫做響箭，箭的聲音有祓除妖魔的靈力。

蟇目神事最早起源於栃木縣日光市的二荒山神社，社內會祭祀弓箭之神——鳴鏑神，並且舉行放箭的神事。從前，二荒山神社的神與赤城神社（群馬縣前橋市）的神互相爭奪中禪寺湖的歸屬權。居於劣勢的二荒山神社州向鹿島神宮（茨城縣鹿嶋市）的武神求援。武神派了弓箭高手猿麻呂前往，他射中了赤城神社神的使者大蜈蚣的眼睛，幫助二荒山神社的神得到勝利。

另外值得一提的是，二荒山神社的主神也是陰陽道本流賀茂家的祖神——大國主神及其妻子，和兒子味耜高彥根神，由此可看出《咒術迴戰》的加茂家與它的關聯性。

《新形三十六怪撰》
藤原秀鄉龍宮城射蜈蚣圖
藤原秀鄉為弓箭高手，討伐了平將門和大蜈蚣，弓箭也兼有除魔功能的一面。

陰陽道系

從與幸吉的傀儡操術看「傀儡師」

與幸吉是咒術高專京都校的二年級學生，他利用自己的術式「傀儡操術」，遠端操控機器人究極機械丸。他遠端操控的範圍大到遍布整個日本，《咒術迴戰》第三十八話說明了原因，與被賦予「天與咒縛」，是一種「與生俱來被肉體強制的『束縛』」，因此擁有強大的咒力。

中世的人偶師操縱非公認陰陽道

「傀儡」日文發音又讀成 kugutsu，意思是操線人偶。像與這種人形師，在中世紀的日本就已存在。這些人叫做傀儡師，居無定所，四處飄泊，表演人偶劇。《萬葉集》中有一首詩云：「潮水退去三津岸，海人手持久具都，想來應是割玉藻，不如一同前去也。」久具都是用「莎草」這種植物編的草籠，將操線人偶放進這種籠子，到處流浪的團體，我們稱為傀儡師。到了鎌倉時代，傀儡師由寺社管轄，而這種技藝也成為人形淨瑠璃和能樂的源流。將能樂集大成的世阿彌撰寫的能樂理論《風姿花傳》等作品中，也能觀察到他引進了陰陽道的思想。

《傀儡師筆之操》傀儡師
傀儡師不只是走遍各地的操偶藝人，也身兼除魔祈禱的咒術師。

傀儡師進入村落後，除了站在民眾家門前說些祝福之語，並且表演技藝外，也會占卜、消災去邪、加持祈禱。人偶成為人類的替身，承接人的污穢、邪念等，具有咒術的意涵。

與雖然有嚴重的身體殘障，但藉由天與咒縛，他也能操控機械丸，當成自己的替身。利用咒力操控人偶機器人的與，與兼為咒術師的傀儡師有不謀而合之處。

修驗道系 從西宮桃的付喪操術看「飛鉢法」

讓物體飛起的修驗道咒術與女巫的共通點

在《咒術迴戰》裡出場的咒術高專京都校三年級女生西宮桃，穿著黑衣，乘著掃把在空中飛翔，這是運用她的術式——付喪操術達成的超能力。在日本，使用多年的器具具有神靈是一種付喪神的信仰。付喪也寫成「九十九」，代表歲月悠久（九十九年）與萬物（九十九種類）的意思。付喪是象徵有靈力器具的用語，可以想見付喪操術，就是自由操控器具的術式。西宮雖然可以運用咒力颳起風，但並不是自己隨著風在空中飛，而是乘坐自己操控的掃把（第四十話）。而據傳，修驗道也和西宮一樣，具有讓器具飛行的咒術。

《信貴山緣起繪卷》裡描述信貴山的中興祖師命蓮能讓水鉢自由飛行，把需要的物

信貴山緣起繪卷（部分）
信貴山為修驗道的靈地，流傳著化緣僧人會使物飛行的傳說。

品吸過來的情形。《宇治拾遺物語》也詳盡記載了這段情節。命蓮在富翁家前令水鉢飛起化緣（請求賞賜食物）。富翁覺得這種現象很晦氣，就把鉢收進倉庫裡，沒想到倉庫動了起來，升到幾公尺高。然後這只鉢打開門，坐著倉庫飛走了，由此可推想，咒力的強大甚至能舉起一座倉庫。

修驗道系有很多讓物體飛起的咒術，而西方的女巫為了採植物製作藥物，大多住在山中或森林裡。西宮打扮成女巫使用修驗道系的咒術，可以說展現了東西方都有的山中咒術師。

修驗道系

從西宮桃的付喪操術「鎌異斷」看「飯綱法」

武將信仰的飯綱明神咒術

《咒術迴戰》第四十話，西宮施展「咒力之風」攻擊釘崎野薔薇，又在第一三五話，向偽夏油使出付喪操術「鎌異斷」，是將咒力融入風中的斬擊。而修驗道的飯綱法便與這種術式相類似。

飯綱指的是修驗道的靈山，位於長野縣的飯綱山。山名來自於「命之綱」*。據說向這座山的山神飯綱明神（不動明神的菩薩化身）祈求，就能使用各式各樣的奇術。室町時代的武將細川政元在掌握幕府實權後，醉心於修驗道，也使用過飯綱法。《足利季世記》一書記載，政元的模樣就如同修驗者一般，令人毛骨悚然。

又，戰國武將上杉謙信信仰飯綱明神，除了平日常用的印鑑刻著「勝軍地藏摩利支天飯綱明神」之外，也使用以飯綱明神裝飾的頭盔。與上杉謙信對戰多次的武田信玄也信仰飯綱明神，舉行武運長久的祈神會，飯綱明神受到戰國眾武將的信仰，算得上是武運象徵的神。

飯綱法就是飯綱明神派遣「護法神」「大天縛」「小天縛」將加害修驗者的牛鬼蛇神一一擊潰的咒術。天縛就是天狗，但天狗又叫天狐，相對來說，地狐則是指狐的靈。然後，對手印吹氣，把自己的心念當作天狐與地狐，使之飛起。

另外，飯綱法也可以解釋為操控以竹筒封住的飯綱魔獸（妖怪，或是伶鼬，鼬的一種）的咒術。傳說鎌鼬會乘風出現，斬殺百姓。鎌鼬是種腳爪如鐮刀的鼬鼠妖怪，部分地區的人將鎌鼬稱為「飯綱」。這個說法源自於施行飯綱法的修驗者，並未將封住飯綱怪物的方法教給徒弟，因而飯綱逃脫斬殺人類吸取鮮血的傳說。

從這個淵源來推測，西宮施展的付喪操術「鎌異斷」，應是以修驗道系的飯綱法咒術為原型。

*譯注：命脈之意。

神道系

從樂巖寺嘉伸的術式看「雅樂」

用於咒術中的音樂

咒術高專京都校校長樂巖寺嘉伸，向攻擊咒術高專東京校的詛咒師之一組屋鞣造，展露出透過電吉他演奏的術式。

特點在於「讓演奏的旋律增幅，化為咒力擊出的術式」。樂巖寺的術式是運用音樂的咒術，而宗教不論東西方也會使用音樂，像是基督教的讚美歌，或是佛教的佛樂等。即使是日本，宮中或神社的儀式上也會使用雅樂或神樂。

雅樂早先是中國的音樂，但不久後失傳，由日本、越南等中國周邊的部分國家傳承下來。

在奈良時代的律令制下，除了陰陽寮和典藥寮外，設立雅樂寮，在祭祀中使用雅樂。

現在皇居在十二月中旬舉行的「賢所御神樂」，是演奏神樂曲、迎神、強化神威的儀式，由本役（迎神）、中役（遊神）、後役（送神）三段構成。

此外，神社社殿的功德箱上掛著鈴，接受拔除的時候巫女會搖鈴。

《古語拾遺》記載，為了催促天照大神從天岩戶中出來，眾神拿著掛了鈴鐺的矛起舞。島根縣大田市的物部神社，每年十一月舉行的鎮魂祭，會進行物部氏祕傳的神事「魂振」，這便是源自天照大神的故事，直接搖動靈殘，打通體內氣的巡行，祓除疾病與邪氣。自古以來，神事中就會使用各種音聲，因為人們認為它有祓除妖魔，招攬神靈的力量。

天岩戶　神宮徵古館　藏
描繪天鈿女命（右）手拿掛著鈴鐺的榊葉跳舞。鈴鐺有除魔的力量，舞樂也作為咒術的一種。

修驗道系 從禪院直毘人的投射咒法看「不動金縛法」

現在仍在施行的咒縛祕法

禪院真希、真依的父親禪院直毘人是咒術界三大家之一——禪院家第二十六代當家。《咒術迴戰》第一一一話描述了直毘人的術式「投射咒法」。根據其中的解說，「將一秒分割成二十四幀，把自己的視野當成視場角，事先追蹤視場角內形成的動作。」「在直毘人發動術式中被他的手掌碰到的人，也必須在二十四分之一秒做出動作，如果失敗，動作會出現遲滯，暫停一秒鐘。」

但是「做出的動作無法在半途修改」，「如果做出超出物理法則或軌道太多的行動，自己也會停滯」。

這也就是說，直毘人的動作比原本的實力更快，還能做出預先想像的動作。被直毘人接觸的人，必須也在一秒內形成二十四幀的動作，如果做不到，一秒之內將無法動彈（實際上沒有人能做到，所以都會僵立一秒鐘）。說白了，就是自己提升速度，同時也讓對手停滯一秒鐘的術式。

修驗道中，借助所信仰的不動明王之力的咒術，也會帶來和投射咒法中「停滯」相同的效果。它叫做不動金縛法，是一種不動明王發動縛身術。這種咒術是用來咒縛靈魂，修驗道開山始祖役小角在葛城山上咒縛一言主神時也曾用過。此外像是為了解除邪靈附身的人，也會施咒讓他一時無法動彈。

《月耕隨筆》不動明神
不動明神為五大明神的中心，廣受民衆信仰。

寫於鎌倉時代的《不動明王金縛之大事》中，記述這道不動金縛法「即使奉上千金也不外傳，乃祕中次祕也」。原則上只能單傳一人。不動金縛法的咒術，直到今日仍有人在施行。

從夏油傑的咒靈操術看「護法童子」

式神與咒靈操術的不同

陰陽道中的式神與修驗道中的護法童子，兩者操控的靈體都不是人類，雖然在這一點是相同的，但是式神是靠咒力操控，意即是靠著陰陽師本身的力量而產生的靈體，而護法童子卻是操控自己之外的神靈或陰靈。外表看上去似是相同，但操作從體內發動的式神，和使喚存在於外部的神靈或陰靈，在本質上可謂完全相反。這個狀況在《咒術迴戰》也有相同的描寫。伏黑惠操控的式神為禪院家代代相傳的靈體，它原本就藏在血脈相承的伏黑體內。特級咒術師夏油傑的術式咒靈操術，在喚出咒靈的手法上與伏黑的式神相同，但是夏油打倒那個咒靈後將它吸入體內這一點卻不同。

《咒術迴戰》第七十三話提到咒靈操術時解說：「將降伏的咒靈吸收，自在操控的術式。」「用階級換算如果差距在二級以上，就省去降伏，幾乎無條件的吸收。」也就是說，夏油的咒靈本來是在外部的另一個靈體，最近接夏油咒靈操術的咒術，是密宗、修驗道的護法童子。

修驗者使喚的護法童子

護法童子是指聽從僧人或修驗者命令的神靈或陰靈。童子的意思是少年，不過護法童子不只是人類的模樣，也有鬼或龍神，或者狼、狐狸等動物靈的狀態。前述的飯綱法大致也和護法童子歸在同一類型。只要是有力的修驗者，收服惡靈或妖怪作為護法童子並不困難。夏油吸收的咒靈有人形的特級咒靈「化

役行者像吉水神社藏
修驗道的開山祖師役行者，傳說有前鬼、後鬼等兩鬼（照片下）和護法的八大童子跟隨。

身玉藻前」、「口裂女」、以龍形現身的「虹龍」等（《咒術迴戰》前傳）。可知咒靈操術與護法童子是非常相似的咒術。

修驗道和密宗流傳了許多人士使喚護法童子的故事，像修驗道的開山祖師役小角使喚的鬼夫妻前鬼與後鬼；天台宗的僧人性空有毘沙門天傳授的乙與若最為有名。附帶說明，前鬼與後鬼在役小角座下修行，得到「義覺」與「義賢」這兩個人類的名字，還生養了五鬼熊、五鬼童、五鬼上、五鬼繼、五鬼助等五個孩子。五鬼助的子孫現在還在世上，他在奈良經營民宿供修驗者留宿。從這裡可知護法童子與使喚者是不同的人物。

使喚真實特級咒靈天狗的外法

天狗相當於修驗道裡的特級咒靈，據說驗力（咒力）強大的僧人、修驗者等落入魔道，就會變成天狗。《拾遺往生傳》記載，空海十大弟子之一的真澄，暗戀文德天皇的妃子藤原明子，心生邪念而化成天狗。密宗典籍《萬德集》裡也有《天狗經》，只要念誦經

《武藏坊弁慶降伏圖》
源義經在鞍馬山向天狗學習武術。後來八天狗化為影身出現援護義經。

文，就能喚出日本屈指可數的天狗。使用天狗施展咒術的人咒力強大，傳說在十世紀圓融天皇的時代，祭祀天狗的修驗者能定住野獸的動作、打落飛翔的鳥，或是從天空降下五顏六色的花朵。使喚天狗叫做外法，但是被國家公認的寺院僧人所嫌惡。

　　夏油也是咒術界嫌惡、放逐的「最差詛咒師」，所以與護法童子十分相似的咒靈操術，正是與夏油最合拍的術式。

神道系

從冥冥的黑鳥操術看「熊野牛王符」

熊野牛王符的咒術需以性命立誓

一級咒術師冥冥的術式「黑鳥操術」可以操縱烏鴉。黑鳥操術大多用於搜索敵情等輔助性任務，不過也有用於攻擊的時候。《咒術迴戰》第一〇二話中描繪了「神風」，稱得上是黑鳥操術的「精髓鳥」。

在記紀神話中，有隻三隻腳的烏鴉八咫烏，是眾所皆知的熊野神社使者，在神武天皇東征時為他領路。而與這隻烏鴉相關的有名咒術，是和歌山縣熊野三山（熊野本宮大社、熊野那智大社、熊野速玉大社）的護符——熊野牛王符。

熊野牛王符又叫做熊野牛王神符、烏牛王、烏鴉大神。符是在一張厚紙板刻印上仿烏鴉造形的烏鴉字樣，中央蓋上火焰形狀的牛王寶印。烏鴉字樣的數量因神社而異，熊野本宮大社有八十八隻、熊野那智大社七十二隻、熊野速玉大社四十八隻。熊野牛王符除了與一般神符同樣用於治癒疾病和火災化解之外，也有當作起請文（誓約）來使用。熊野牛王符背後記載約定的事項，向熊野之神發誓，然後交給對方，證明絕無虛假。也就是在熊野神的見證下簽下誓約的意思。熊野牛王符用於戰國時代，締結同盟或提出投降條件時。如果有違背熊野牛王符上記述的內容，據說會有三隻熊野神的烏鴉使者死去，違背約定的人也會吐血而亡。

熊野牛王符（熊町本宮大社）
作為誓約用，若有違背約定時，據說本人和三隻烏鴉會沒命。

冥冥有個親弟弟憂憂，對他十分寵愛，她與憂憂結下「性命之『縛』」，當冥冥說話提及「搏命」時，就是給憂憂「『允許使用咒術』的暗號」，冥冥以性命為誓，和強迫烏鴉自我犧牲，藉以給予敵人強大攻擊的術式，與熊野牛王符在許多方面都看得出相關性。

陰陽道系

從天元結界術看「封鬼門」

天元的結界成為故事關鍵

天元住在薨星宮本殿裡，並且在該殿所在的咒術高專東京校設有結界。《咒術迴戰》第五十三話，五條悟就這道結界說：「天元大師的結界，把功效全灌注在『隱藏』，而不是『守護』，所以鑽進來會有點弱呢。」而偽夏油則說：「天元除了結界運作外，基本不會干涉。」從此處可以知道，天元是用術式展開結界的。

在一三七話中，有段台詞：「把明治時代以皇居為中心重設的結界，和幕末東京遷都候選地——薨星宮正上方為中心的結界，強行擴張到縣境邊緣。」和這天元的結界同樣，在平安京也設有結界。平安京是七九年桓武天皇建立的都城，依著陰陽道的原理設計都市。其中最先施行的是封鬼門。

鬼門與後鬼門為妖魔的出入口

鬼門最早出現在紀元前一世紀中國西漢時代《神異經》一書，書中寫道中國東方數百里的度朔山上有桃樹，向東北伸展的大樹枝末端，有死者出入的門。此外，對陰陽道造成影響的《易經》「先天圖方位」，在配置東西南北時，東與南是「陽」，西與北是「陰」，因此在這四方位邊緣的東北和西南，屬於「陽」和「陰」拮抗的不穩定方位，人們認為這兩方位是妖魔的侵入口而感害怕，遂定東北為鬼門，西南為後鬼門。

因此，平安京建成後，便請從唐朝修成密宗回國的最澄到位於東北方的比叡山，興建延曆寺。而都城發生災患或凶煞時，就在比叡山舉行降伏惡鬼的祈禱。此外比叡山的地主神是日吉大社，日吉以猴作為神使。因此，人們也把猴作為鬼門的護身符。猴子在整個亞洲都被視

京都御所的鬼門猿辻
御所東北角的城牆呈凹入的形狀作為封鬼門用。「猿」是日吉神社的神使，是封鬼門時的靈獸。

為靈獸，《西遊記》裡猴子孫悟空協助三藏法師，印度教的哈努曼神也是猴子的模樣。

京都御所在鬼門的牆角向內側凹入，上面放置著猴像，叫做「猿之辻」。在比叡山與御所之間的赤山禪院，為比叡山延曆寺的別院，這裡也有猴的雕像。後面也會提到，這間赤山禪院與《咒術迴戰》裡咒術三大家之一的禪院家淵源頗深。至於後鬼門，是大原野神社所創建。

藉怨靈封鬼門的習俗

《咒術迴戰》第一話中提到，在詛咒容易累積的學校有設置除魔咒物的習俗。「放置更邪惡的咒物，讓其他的詛咒不敢靠近，是一種以毒制毒的惡習。」同理也運用在封鬼門上，用怨靈來封鬼門。

早良親王之死是平安京遷都的導火線，因而祭祀他的崇道神社與上御靈神社，都是配置在東北方向興建。進而，比叡山的山中，也有紀念三大怨靈之一的平將門的將門石。

而在後鬼門附近有個曝掛將門頭顱的地方，那裡建了神田神宮（現為京都神田明神）的祠堂。

儘管花費心力執行封鬼門，設置結界，但是都城卻是陰靈跋扈之地，其中又以百鬼夜行為代表。妖魔不容易入侵，但相對的城內生出的妖怪卻也出不到城外。主要由於陰陽師和密宗和尚頻繁使用咒術，所以平安京也成了咒力集中、累積的場地。

京都神田明神（京都市左京區）
平將門梟首之處建立的祠堂。以前叫做神田神宮。在京都御所後鬼門附近。

《咒術迴戰》中藉由天元之力，提高了咒術師實力和結界的強度，在第一三六話中，偽夏油說：「國外與日本相比，咒術師與咒靈發生得極少。最理想的計畫，絕不可欠缺天元的結界。」如同《咒術迴戰》中咒術師借助天元的結界，強化實力，結界守護的平安京中，不只陰陽師和密宗僧人身懷咒力，也出現了許多陰靈。

陰陽道系

從天元不死的術式看「泰山府君祭」

與替身交換而延壽的泰山府君祭

《咒術迴戰》裡將天元設定為施展不死術式，可算是咒術界的中心人物。第六十六話中提到：「天元大人雖然擁有『不死』的術式，但是並非『不老』。」而且如果保持這個狀態，他還會更加進化到「不再是人，而成為更高層次的存在」。因此每五百年，天元必須與適合的人類「星漿體」同化，改寫身體的資訊。

與這一點十分相似的咒術，是陰陽道最高祭典——泰山府君祭。泰山府君乃為陰陽道的主神，是將中國東北部的東嶽泰山神格化的神，掌管萬物與世人的生死。當初，渡唐的阿倍仲麻呂習得了泰山府君祭的祕法，託吉備真備傳到日本，此後就由安倍家（土御門家）代代相傳。

日本最早舉行的泰山府君祭，據說是下令遷都平安京的桓武天皇時代。這是朝廷獨有的祭典，具有延長壽命、治癒疾病、除災招福的效果。如果只有這樣，與一般的祈禱沒什麼差別，但是泰山府君祭在病痛和壽命上，對有性命危機的人，可以用替身者的命接續、延壽。

《泣不動緣起繪卷》記述了安倍晴明舉行的泰山府君祭。有一次，高僧智興重病不起，不見起色，僧人找了晴明想辦法。晴明說，只要有人願意當替身，向泰山府君祈求，就可以延壽。智興弟子證空一聽，自願成為替身，便向不動明王的畫像祈求來世。不動明王見狀大為感動，出聲道：「我來當替身吧。」他的畫像從雙眼流出血來，智興也轉危為安。

天元不用他人續命也能長生不死，但與「星漿體」同化維持現狀的部分，與維持生命的泰山府君祭不謀而合。泰山府君祭後來發展成天曹地府祭，只有在天皇傳位登基時舉行一次。

摩利支天的隱形法與「帳」的共通點

《咒術迴戰》裡頻頻出現的結界是帳，從早於《咒術迴戰》連載的前傳《咒術迴戰》前傳第一話中，就描繪過五條悟放下「帳」的場景。他說：「從外面看不見你們，而且漸漸浮現出詛咒的結界。」一發動「帳」，天空中會出現黑色液體般，覆蓋住整個大地的帳子，非術師無法察覺「帳」的內部。而且「帳」有很多種變代，也可以設定特定的條件，如「可進不可出」「只有五條悟進不去」。不只是咒術師，咒靈也能展開「帳」，是描寫最多的結界。

密宗、修驗道也有像「帳」這種躲避對手察覺的咒術，叫做摩利支天的隱形法。摩利支天是毛利元就、前田利家、上杉謙信等戰國知名武將信仰的軍神。摩利支天是把陽氣與光神格化的神，《摩利支天經》裡記述摩利支天從眾神面前跑過，但沒有神看到他的身影。

摩利支天的隱形法是結隱形印的祕印，念誦咒文（密宗的真言），執行這個動作後，天魔、惡鬼、外道（壞人）都找不到修驗者，也不會受害。

摩利支天的隱形法，並不是在現實中消失身影，而是讓（天魔等）無所察覺。這一點可以說與「帳」具有相同的特徵。

「帳」從念誦「自暗而生，比黑更黑，濁污殘穢，盡皆禊祓」發動，摩利支天的隱形法，是用密宗的真言當作咒文。「帳」則是用相當於神道祓除的祭文、祓詞的詞句。事實上，摩利支天的隱形法，是日本獨創的咒術，在中國找不到。

「帳」的咒文形成日本獨特信仰——神道的祭文形式，顯示「帳」與摩利支天的隱形法同樣是日本製。

密宗・修驗道系 從獄門疆看「封印」

封印無法祓除的強大魔物

《咒術迴戰》裡詛咒師的領袖偽夏油，為了令五條悟無法戰鬥，使用了特級咒物獄門疆。《咒術迴戰》第九〇話中提到「沒有獄門疆無法封印的東西」。密宗和修驗道會用咒術，把惡靈、魔物封進竹筒、壺和瓶中。

《修驗故事便覽》記述「如果拚命的祈禱，惡靈還是沒有離開的話，就把他叫進筒中咒縛，或燒掉放水流」。

封筒用於被惡靈、生靈附身的人類。封筒用到的竹筒是一節管（留著兩個竹節，兩端切掉的管），側面中央切成長方形，蓋上蓋子。然後，把寫有病患姓名、性別的人偶當成替身，病患對它吹一口氣，將惡靈、生靈轉移過去，放進竹筒中，蓋上蓋子，用麻線捲起來封住。

封筒是用於封印魔物，帶著搬運。八二四年旱災時，空海在京都神泉苑舉行祈雨的儀式，而視空海為勁敵的法師守敏把會降雨的龍封在瓶中，因此過了七天仍然沒有下雨。後來，空海識破守敏的陰謀，解開封筒，讓龍帶來雨水。前述的飯綱法是操控名為飯綱的魔獸的咒術，不過封印這類魔獸用的也是竹筒。

《咒術迴戰》第十一話，偽夏油在說明使用獄門疆的原因，是因為即使想要殺掉五條悟，「要不就被打得落荒而逃，最糟的狀況是你們全都被祓除。」「我的建議是與其『殺掉』，不如把心神專注在『封印』上。」在修驗道進行封筒的是無法用一般調伏加持祓除的強大惡靈或魔物。可知它與獄門疆執行的封筒具有同樣的特徵。

《弘法大師狀況記圖會》守敏
傳說空海的勁敵守敏以封筒將降雨神獸的龍封住。

道教系

從脹相的赤血操術看「蠱毒」

受嚴格規範的咒術生出的毒

《咒術迴戰》中出場的從咒胎九相圖道成肉身的三個人，都會使用加茂家相傳的術式「赤血操術」，但是與加茂家使用的赤血操術不同之處在於，他們的血中含了毒。

《咒術迴戰》第一三五、一三六話，咒胎九相圖的長子脹相，用赤血操術「穿血」攻擊詛咒師裏梅。裏梅展現難以匹敵的威力，也能用反轉術式修復傷口，此時卻突然跪了下來。

「用反轉術式讓身體重生……這裡面有毒！」裏梅說。

脹相回答：「當然。我用穿血把自己的血混在裡面了。」

有的咒術會產生毒，奈良時代律令制下雖然對民間咒術做了規範，但最具代表的是前述的「厭魅」和從毒蟲中製造毒物的「蠱毒」。兩者並稱「厭魅蠱毒」，為一般人所忌諱摒棄。

按《續日本紀》的紀錄，縣犬養姉女受不破內親王的指示施放蠱毒，因而獲罪，七六二年被判流刑。此外，井上內親王雖後為光仁天皇的皇后，但是七七二年，也因蠱毒之罪而遭到廢后。看得出朝廷如何害怕蠱毒。

蠱毒又叫做蠱道、蠱術、巫蠱，是距今三千多年前中國古代的殷王朝施行的最古老咒術之一。首先將幾十隻蛇、蜈蚣、蟾蜍、蝗蟲、螳螂、蜘蛛等放進一個箱子裡讓牠們同類相食，然後殺死最後剩下的那隻，祀祭、取毒。被吃掉的生物怨念和存活那隻生物的生命力，就能轉變成詛咒力。

此外，記載於十六世紀的《本草綱目》也有介紹殺死存活的蟲子，加以風乾用火燒掉，再把灰給對方服下的方法。

在律令制度下，即使實際上未曾真的用到蠱毒，但製作、持有、學習或教授製法知識，都會被判以重罪。

從參拜婆的降靈術看「附身祈禱」

對外人降靈的降靈術

《咒術迴戰》第九十五話中，描寫偽夏油一派的詛咒師參拜婆將禪院甚爾的靈魂降在孫子（並不是參拜婆的親孫子，而是幼時拐來的孩子）身上的一幕。禪院甚爾是伏黑惠的親生父親，平常大家都叫他「爸爸黑」。爸爸黑雖然有禪院家的血統，但是被賦予完全沒有咒力的天與咒縛，因而具有異於常人的身體能力（第七十一話）。在就讀咒術高專時代，不斷折磨五條悟和夏油傑，遭到五條無下限咒術——虛式「茈」的攻擊而殞命。參拜婆的降靈術施行時，必須吃下降靈遺體的一部分，才可以降下身體和靈魂的資訊。參拜婆警戒爸爸黑的實力，只把身體的資訊降在孫子身上。但爸爸黑戰勝「孫子」的魂魄，完全復活了。因而參拜婆瞬即被爸爸黑所殺害。

靈媒一向降靈在自己身上而聞名，但是參拜婆施行的是將靈降在別人身上。像參拜婆這樣在他人身上降靈的咒術，修驗道中也有，叫做附身祈禱。將靈降在附身者（神靈寄身的對象）身上，占卜吉凶，或是治療病痛。

這種附身祈禱也會施行在非修驗者（咒術師）的信徒身上，被某物的靈魂附身的信徒（委託者）的靈轉移給靈媒者，再對他進行詢問或降服的咒術。《紫式部日記》裡，附身在中宮（皇后）彰子的陰靈轉移給巫女，轉附身的陰靈與巫女進行問答，確定他的身分，再試圖降服。

隨著時代演進，很多修驗者會讓施術的對象、妻子擔任靈媒，接受委託。但是據說感情豐富的人物，比愛說理的人物更適合當靈媒，原則上由十至二十歲的青少年或少女負責。

《咒術迴戰》中參拜婆將幼年拐來的「孫子」當成附身對象，而在十一集裡揭露，她有好幾名這種「孫子」。培養成適合作替身的年輕「孫兒」，與附身祈禱的靈媒有不少共同的特性。

〔專題〕

第六十一話描寫的詛咒返還

《咒術迴戰》第六十一話，描寫釘崎野薔薇受到壞相與血塗的赤血操術攻擊，便以自己的身體為媒介，用芻靈咒法「共鳴」加以還擊。壞相一時誤會，以為這是「詛咒返還的術式」！實際上，它不是詛咒返還，而是用稻草人偶代替沾了血塗之血的釘崎身體，自己傷害它，藉此給予流著同樣血液的壞相和血塗造成損傷。由此可知《咒術迴戰》中確實存在著詛咒返還的術式。

《宇治拾遺物語》等書裡有寫到陰陽師安倍晴明施行詛咒返還的情節，而詛咒返還在任何體系的咒術中都有。例如，以修驗道來說，得知受到詛咒時，可將詛咒轉移到人偶身上放水流掉，或是返還給施詛咒的人。另外像神道系的民間信仰裡，有舉行詛咒與詛咒返還的神事。將五方位神（四方與中央）、十二位各月份神、三十一位各日配置的神組合使用。受詛咒的人將詛咒返還給與用於詛咒的神相同的神即可。

第3章 古書裡記錄的咒術師群像

咒術勢力的對立歷史

陰陽道名門一族的對立

《咒術迴戰》第一三六話講述日本的咒術師和陰靈數量高出他國許多。在真實的歷史中，日本確實存在著許多咒術師，記錄在各類民間故事集或神社佛寺起源中，其中甚至也有記錄在朝廷或幕府官方的史書裡。

在西歐，咒術師在社會中屬於局外人的地位，但日本的咒術卻由朝廷等官方機構為主體進行保護和研究。換個說法，陰陽師和咒禁師等是國家公務員，密宗寺院也是受到朝廷和幕府保護的半官方團體。不久後，受國家保護的咒術普及到民間，民眾紛紛來祈求以前只有貴族才能得到的咒術好處，因而誕生了非官派咒術師。於是日本的咒術師人口也隨著增加。

《咒術迴戰》中主角所屬的咒術師團體，以天元為中心，但並非團結如磐石，也描寫過內部抗爭和傾軋。其中最具象徵性的是咒術界三大名門家族——加茂家、禪院家、五條家的咒術三大家。

史實中的陰陽道，主司曆道的賀茂家與主司天文道的安倍家等兩大宗家，在起落浮沉中代代相傳。安倍家即使到了鎌倉時代，仍然人才輩出，博得鎌倉幕府的支持，將勢力延伸到關東地區，但賀茂家漸漸凋零。南北朝時代安倍家改稱土御門家，室町時代，賀茂家改稱勘解由小路家。但是，室町時代後期，勘解由小路家的直系子嗣遭到殺害，香煙斷絕，由土御門家兼掌曆道和天文道。到了江戶時代，賀茂家系的幸德井家取代沒有後嗣的勘解由小路家，受到重用復興家門。但無法與土御門家的勢力抗衡，土御門家掌握了陰陽道的實權。後來土御門神道建立，統整了全國的陰陽師。直到明治時代發布陰陽道禁止令，賀茂家系的陰陽道解散。

日本歷史上也曾發生的宗教界內部對立

咒術高專有東京與京都兩個學校，儘管是姊妹校，但故事卻常描寫兩校的對立。每年舉行的姊妹校交流會上，雖然會互相競逐討伐放進指定區域內的咒靈，不過東京校的校長夜蛾正道提醒學生，這是種「妨礙行為」，而且「不得殺害對方，或是讓對方受到無法重啟的傷害」。

即使是日本，繼承咒術的兩大勢力也發動過多次對立，例如，伊勢神宮，有荒木田、根木、度會三家擔任禰宜*負責神社營運和祭祀的主要職務。但是根木家子嗣很早就斷絕。不久後，荒木田家成為內宮的核心，度會家成為禰宜的核心。到了鎌倉時代，繼承自家舊例的度會家成立了度會神道。室町時代，民眾容易參拜的外宮在經濟上較有優勢，因此內宮與外宮的對立逐漸加深，不久升級為武力衝突，發生流血、放火事件。

兩宮的對立到了江戶時代慢慢平息，但直到明治時代才互相融和。

密宗內部也有宗派不和長達一千兩百年。將密宗帶進日本、開創真言宗的空海，與

＊譯注：職位次於宮司之下的神職。

伊勢参宮略圖
圖中的前方是外宮，後方是內宮。到了江戶時代，內宮與外宮的對立漸漸平靜，但直到明治時代之後才化解爭執。

開創天台宗的最澄，在九世紀初期關係破裂，互不往來。此後密宗兩大教派持續對立。二〇〇九年，真言宗和天台宗正式握手言和，距離空海與最澄斷絕關係已逾一千兩百年。

在日本，咒術的系統紛雜，雖然各別都受到國家保護，但是從來沒有一支咒術的主流。因此，繼承咒術的門派互相競爭，產生競爭原理，開創多種咒術，出現了許多堪稱超人的咒術師。本章將一面插入《咒術迴戰》出場人物的小故事，同時介紹在古籍中出現的咒術大師。

飛鳥時代

被判流刑的賀茂家才俊——役小角與加茂憲倫

咒術三大家中的加茂家與賀茂一族

《咒術迴戰》中描述咒術的傳承帶有遺傳的元素，除了號稱咒術三大家的家族、代代傳承咒言的狗卷家、五條家之外，還有菅原道真家族的乙骨家等。從第十二話五條悟說的話：「基本上術式是從一出生就刻在身體裡的。」「所以咒術師的實力，才能約占八成吧。」就可以知道。或者，它並不是生物性的遺傳，可以把它想成是施予一家族的某種「詛咒」。不論怎麼說，它都具有某種程度的先天性。

咒術三大家中又以加茂家尤其重視血統。第四十三話加茂憲紀使出赤血操術，伏黑惠評道：「果然很像熱愛血統的三大家會使的術式呢。」然而加茂家最大的污點是加茂憲倫，他雖然出生在咒術界菁英加茂家，但是卻一再進行令人皺眉的實驗，從咒靈與人類的混血兒製造咒物，或是生出混血異形的孩子，留下許多咒術文化財產（第六十話）。

有一個人與這位憲倫一樣，雖然生在顯赫的世家，卻因異能而被判處流刑，他就是役小角。

小角是飛鳥時代的真實人物，因開創修驗道而聞名於世。六三四年，小角生於賀茂役氏的家中，這個氏族出自勢力強大的豪族賀茂家。小角自幼便天資過人，朝夕都在山中修行。後來飛鳥元興寺（現在的飛鳥寺）的僧人慧灌發現他不同凡響，因而傳授他孔雀明王的咒法。這是空海帶回正統密宗（純密）之前，傳到日本的密宗（雜密）咒術。此外，小角也學習道教的咒術，習得「飛天之術」，能上天飛行。

六七五年，小角在奈良縣大峰山修行的時候，金剛藏王權現現身，小角明白這就是他追求的神，因而祭拜祂，將山岳信仰、密宗（雜密）、道教等融合為一，誕生了以日本獨創的神祇藏王權現為主佛的修驗道。他忍受嚴苛的修行，終於見到自己追求的神，而開創修驗道。

役小角與加茂憲倫的黑暗面

傳說役小角是個非常人的咒術師，留下了許多神奇的故事。其中有不少軼事，可以窺見他和加茂憲倫有著同樣黑暗的一面。

像是小角想在奈良縣吉野的金峰山與葛城的山之間架橋，便一面叱喝怒罵，使喚葛城山的山神一言主，命他不眠不休的趕工。一言主相貌醜陋，不願白天工作，讓人看到他的臉，小角就用藤蔓將他綁縛，丟進山谷裡。一言主心生憤懣，附身在鄉民身上，向朝廷告發「小角企圖謀反」。

值得注意的是，第一章曾提到一言主是「吾乃壞事一言，善事一言的神，一言主之大神是也」，也就是言靈（咒言）之神，進而，一言主是小角本家賀茂氏根據地葛城山的神，也是賀茂家的守護神。

這則軼事說明他與加茂憲倫不滿足於加茂家相傳術式，不斷創造咒物文化財反抗加茂家相似。

另外，正史《續日本紀》中記載，小角的弟子——相當於國家公務員的咒禁師韓國連廣足向朝廷進讒言：「吾師使用妖惑之術。」由於一言主和廣足的讒言，朝廷在六九九年將小角流放到伊豆大島。

但是，小角的法力卻不斷增進，他能在水上行走，過海到富士山修行。七〇一年得到赦免的小角返回故鄉，但是沒多久就留下一句「將會成仙」，帶著母親升天了。仙人是道教中不老不死的超人。

《咒術迴戰》第六十話，加茂憲倫開闢「山對面的寺」，運用體質特異、懷有咒靈之子逃來求助的女子，生出咒胎九相圖。

第一三四話揭曉，加茂憲倫被某個具有「替換大腦的話身體也可轉換之術式」的人奪取。這副腦還奪得夏油傑的身體，成為偽夏油。

偽夏油又和咒胎九相圖一起襲擊咒術高專東京校和謀圖澀谷事變。從開創修驗道、攜母消失蹤影，成為長生不老的超人這一點，也看得出小角與加茂憲倫的關聯性。

奈良時代

策畫造反的邪術使——橘奈良麻呂和夏油傑

奈良時代發生的連鎖叛亂

《咒術迴戰》第七十七、七十八話，與五條相同的特級咒術師夏油傑，與同志向天元領導的咒術師們發動造反，目的是建立一個沒有非術師的咒術師世界。

而現實世界中，奈良貴族橘奈良麻呂也和夏油傑一樣，是個向朝廷造反的邪術使。在日本最古老的民間故事《日本靈異記》裡記述，奈良麻呂「畫一個僧侶的人形立牌當作靶子，學習射其黑眼之術」。七五七年，他圖謀造反被捕，死在獄中。

奈良麻呂是朝廷中握有大權的橘諸兄之子，橘諸兄之後，藤原仲麻呂掌握了朝廷實權，於是奈良麻呂企圖討伐他，並且廢立天皇。但是，這個計畫提早敗露，協助造反的大伴古麻呂、安宿王、黃文王等遭到逮捕，嚴刑拷打下死去。但是討伐奈良麻呂一黨的仲麻呂也因策畫討付受孝謙天皇（女皇）寵愛的密宗（雜密）咒術師道鏡，逃亡後被捕，最後遭到斬首。

《咒術迴戰》裡發動造反的夏油，後來為五條所殺，但是他的身體被「具有只要替換大腦，軀殼也可轉換之術式的某人」占領，成為偽夏油，再次向咒術師們宣戰。夏油與偽夏油，與同樣走上末路的橘奈良麻呂和藤原仲麻呂可說極其類似。奈良麻呂孫女橘喜智子後來成為嵯峨天皇的皇后（檀林皇后）。《繪本百物語》裡稱橘喜智子是位稀世美女，她留下遺言：「死後屍骸勿埋葬，丟在路邊即可。」書裡並畫出死後腐爛到變成白骨的九個階段，表現了世間諸行無常，稱為「九相圖」。

九個階段分別取名為脹相、壞相、血塗相、膿爛相、青瘀相、噉相、骨相、燒相，應是《咒術迴戰》中咒胎九相圖的原型。

「具有替換大腦，軀殼也可轉換之術式的某人」在占據夏油傑的軀殼之前，也曾占據生出咒胎九相圖的加茂憲倫軀體。橘奈良麻呂透過「九相圖」與夏油傑也有相關性。

平安時代

密宗咒術的權威人物——空海與五條悟

擁有非凡才華的天才

《咒術迴戰》第四十五話裡，偽夏油一派展開的「帳」結界，設了一個條件「拒絕『五條悟』入侵，但相反的，其他『所有人』都能自由通行的結界」。於是庵歌姬說：「確實，這樣的話，效果和代價也就平衡了。」五條身懷巨大的能力，集全體咒術師之力才能與之抗衡，可說是現代最強的咒術師。

在真實歷史上，如果說到咒術的天才，那就是將密宗傳進日本的空海。空海和五條悟的關聯性，第二章中也介紹過。空海是在七七四年生於擁有古代豪族血統的佐伯家，才華非凡的空海十八歲時，進入培養朝廷官員的大學寮，但是對學寮教育以儒教為中心

空海入唐
八〇四年渡海赴唐的空海，只用了兩年便結束了原訂二十年的留學期間，將密宗正統帶回日本。

感到不滿，於是拂袖而去。如果再稍微深究就可發現，空海在上京住的地方是位於「五條六坊」的佐伯院，與五條悟的「五條」和特殊能力「六眼」相通。

八〇四年，空海突然被選為遣唐使的一員。空海雖有留學生的身分，但沒有支領公費，規定二十年的留學期間，生活費和學費都由他自己負擔。同期赴唐，返日創立天台宗的最澄，這時已是聲名大噪的高僧，全額費用都由國家負擔，與空海互成對照。

八〇六年，空海只用了兩年時間結束了本應長達二十年的留學生涯回國。但是，日本第一位公認的密宗和尚並不是空海，而是最澄。最澄只用了八個月就結束了留學，回到日本大展才華。

空海開創的真言宗以密宗為中心，相對的，天台宗只把密宗當成一個要素。方向的差異，讓當初合作宣揚密宗的空海與最澄，不久後決定分道揚鑣。

朝廷也認證的空海咒術

《咒術迴戰》第十一話，五條把咒術界狠狠的譏諷了一番：「高層是咒術界的魔窟。」「明哲保身的蠢貨世襲的蠢貨傲慢的蠢貨單純的蠢貨，就像是爛橘子大拍賣」。空海對當時的佛教界、大學教育感到不滿，也是個放棄為官之道的人物。

《咒術迴戰》的五條家雖然是咒術三大家之一，但是他們原本是三大家中立場最弱的一家，有人說過：「五條家就靠五條悟一人撐場。」「靠著五條老師的臨機應變得救的術師不在少數。」（第九十三話）。而空海也是不仰賴血統和學歷，靠實力鞏固地位的人物。

修成密宗祕法的空海靠著咒術造就許多奇蹟。八一〇年，蝗蟲大量繁殖，為害農作物的時候，他使出驅除害蟲之法，只用了一個晚上就讓遍布整個山野的大群蝗蟲消失不見。不久，空海的實力獲得朝廷嘉許，八一六年他獲得敕許，在高野山開創金剛峰寺，作為密宗的基礎道場，不久後更負責護持國家的祈禱會。

空海的宗旨是即身成佛，將它奉為真言密宗的真義。在他之前的日本佛教認為，任何人都能開悟成佛，但是曠日費時，因此，佛家闡釋必須一再轉世修行，來世（死後）才會成佛。但是，空海宣揚現今的人生中就可以開悟，活著成佛。

《真言八祖像中的空海》
奈良國立博物館　藏，森村欣司　攝影
空海將密宗體系化帶進日本，影響十分巨大，空海之前的密宗為雜密，空海之後的密宗稱為純密。

事實上，空海造就了許多超凡脫俗的奇蹟。空海的傳說傳遍全國，據說施行的奇蹟有五百次以上。

五條悟的「悟」字在佛教中有解脫、也就是成佛的意義，可以說這是個象徵即身成佛的名字呢。

平安時代

移動岩石的淨藏與七海建人

施行移動岩石咒術的僧人

《咒術迴戰》裡出現許多狡詐的人物，其中只有七海建人很難得的被描述成「受尊敬的大人」。他有四分之一丹麥人血統，曾經有過白領族等不尋常的經歷後，成為一級咒術師。雖然態度粗魯直率，但是對虎杖悠仁這些小孩子十分照顧，豁出性命的守護他們，因而受到小輩們的崇拜，暱稱他「娜娜明」。而二級咒術師豬野琢真等也都非常尊重他。

《咒術迴戰》第二十三話中，有一幕七海使出十劃咒法「瓦落瓦落」攻擊咒靈真人。這是「將咒力藏在破壞對象的擴張術式」，也就是將咒力灌注到破壞的瓦礫施展攻擊。

平安時代也有個咒術師像七海一樣，施展移動岩石的咒術，他是天台宗的和尚淨藏。在《古今著聞集》裡留下了由於淨藏利用咒術展示種種奇蹟，因而招來對手修驗道僧人向他下戰帖，要求咒術對決的故事。兩人在石頭前對峙，首先淨藏瞪視石頭令它浮起，對手也同樣瞪視，試圖讓石頭掉回地面。兩人的咒力互相拮抗，最後石頭裂成兩半。

與三大怨靈中的兩人對決的咒術師

《扶桑略記》中寫道，藤原時平因菅原道真怨靈作祟而病倒，淨藏為他施咒祈禱時，道真的怨靈化為青龍模樣出現在時平的雙耳。而九四〇年，平將門在關東起兵造反時，淨藏在比叡山延曆寺，施展大威德法的調伏咒術，於是燭火上映出平將門的影像，不久便聽到響箭的聲音向東飛去。淨藏見此景便告知將門已滅。幾天後得知將門確實在這個時刻被殺。

與七海共通的非術師家門

歷史上極少有咒術師能像淨藏這樣，與日本三大咒靈中的兩人對陣。七海也是個與眾多咒靈對陣過的咒術師，平安時代的許多咒術師大多擁有與咒術有淵源的血統，而淨藏儘管是當時首屈一指的咒術師，卻生在無關咒術的家庭。淨藏的父親是朝廷的文章博士*三好清行，這剛好與生於非術師（普通人）家庭的七海相似。淨藏七歲時立志走佛教之路，為父親所反對，因此他施展了超能力，隔空折斷院裡的樹枝。

淨藏與父親清行還有另一則小故事。淨藏年輕時出外修行，途中暫時回京之際，在橋上遇見送葬的隊伍。淨藏知道那是為父親送的葬，便在旁念起經來，而他的父親竟然還魂復生了。後來人們便將這座橋稱為一条戻橋。另外，一条戻橋保管著安倍晴明使喚的式神，而渡邊綱曾在這裡遇到鬼，是平安京首屈一指的怪異景點。

*譯注：即中國的翰林學士，在大學寮教授漢文學及中國正史的教師。

平安時代 五條悟、乙骨憂太的祖先菅原道真

五條家是菅原道真真實存在的子孫

《咒術迴戰》裡五條悟與乙骨憂太的祖先，是日本三大怨靈之一，菅原道真。道真生於八四五年，是文章博士菅原是善之子。在《咒術迴戰》中是非術師的家世，但是菅原氏的祖先乃是野見宿禰，他不但是相撲的始祖，更是規劃用陶俑代替活人陪葬的人，另外他也是以興建古墳為業的土師氏一族。道真的子孫確實有五條這個家族，明治時代還被列入華族。五條家為低級貴族的門第，在江戶時代，由於祖先為相撲之神野見宿禰，所以成為掌管相撲的力士與行司，發配橫綱證明的家門。

說句題外話，偽夏油派中有位詛咒師裏梅，過去與兩面宿儺有過一面之緣，而「裏梅紋」乃是菅原系氏族的家徽之一，所以可以推測他們與道真也有某種關係。

雖破格發跡，但臨終卻如同罪犯

長大後道真與父親同為文章博士，不久他在漢詩、土木等多個領域展露才華，所以受到宇多天皇重用，到了繼任的醍醐天皇時代，他官拜朝廷的第三把交椅右大臣。但是由於道真的家世太低，嫉妒他升官的聲浪漸漸高漲。前述平安時代首屈一指的咒術師淨藏之父，此時與道真同為文章博士的三善道行，勸他退職，多多享受人生。這段情節令人聯想到他與七海建人半帶譏諷的勸說傲慢的五條的關聯。

道真雖決心辭職，但是獲得慰留，因而繼續留任。但是，九〇一年，政敵藤原時平一派的陰謀，道真被貶至九州大宰府，派任大宰權帥（大宰府長官）的公職，但是不允許他離開大宰府，形同軟禁的狀態。

由於朝廷未支薪給他，道真日漸清瘦，於是人們將年糕插在樹枝上從窗口遞給他。梅枝餅成為太宰府天滿宮的名產就是源自於這個故事。從太宰府道真府邸舊址出土的餐具，並不是當時庶民廣為使用的陶瓷器，而是素燒的土器，就可知道真並非單純的貶職，而是受到罪犯一般的待遇。九〇三年，道真在失意中含恨而死。

菅原道真施行的咒術紀錄

《皇國二十四功》贈正一位菅原道真公
菅原道真受命到讚岐擔任行政官時曾舉行祈雨儀式，留下第七天就降雨的紀錄。

《咒術迴戰》前傳最終話中介紹道真是「超頂尖咒術師」。歷史上的道真是儒學家，並沒有咒術師的身分。但是他前往讚岐（香川縣）擔任行政官時，執行了咒術。他赴任的讚岐平原，在歷史上一直有缺水困擾的地區。但道真興做土木工程建設蓄水池，進而在旱災時舉行祈雨儀式，據說第七天便天降甘霖。

香川縣綾川町瀧宮天滿宮保留的文件，留下了民眾見雨欣喜，集合在道真宅邸前手舞足蹈的紀錄。祈雨是民眾最期望的咒術，空海、理源等聞名的高僧都舉行過。由此可知道真也是個能施展高水準咒力的人。

有十六萬以上惡神追隨的最強怨靈

眾所皆知，道真死後變成了怨靈，他是日本三大怨靈中唯一直接遭到人為迫害，所以道真的怨靈特別突出。

杯葛道真的首謀藤原時平（九〇九年死亡，時年三十九歲）、決定貶黜道真的皇太子保明親王（九二三年死亡，二十一歲），次任皇太子慶賴王（九二五年死亡，五歲）等都年少過世。繼而，九三〇年，御所清涼殿遭到雷擊，醍醐天皇目睹此景，受到驚嚇一病不起，三個月後駕崩。

因為這種種原因，道真被供奉為「天滿大自在天神」。《北町聖廟緣起》撰述，清涼殿的落雷是天神使者「火雷天氣毒王」搞的鬼。

《道賢上人冥途記》記述僧人日藏在九四一年修行中殞命前往淨土的故事中，道真曾經現身。

在淨土遇見道真時，他已成為日本太政威德天，自述：「死後經過八十四年，心中記掛的密宗已經普及（道真有段時期希望能成為遣唐使），所以已無遺恨。」「我的隨從有十六萬八千名惡神，若是有意，想要引發災難也並非不能。」

《咒術迴戰》裡將最強咒術師五條悟，與才華和五條不相上下的乙骨，設定為道真的子孫，也許是因為道真具備的能力，足以對抗號稱「詛咒之王」的兩面宿儺吧。

平安時代 操控式神的最強陰陽師——安倍晴明和伏黑惠

安倍晴明的母親會變身狐狸

《咒術迴戰》主角虎杖悠仁的同學伏黑惠，是逃出禪院家的禪院（伏黑）甚爾之子，他使用禪院家相傳的十種影法術術式操控式神。由於兩面宿儺和詛咒師都是式神的運用者，所以，看得出咒術界中式神是主要的角色。式神是陰陽師使用的咒術操作物體，或是使喚神靈的術式。式神運用者中最有名的就是安倍晴明了。第二章中我們介紹了幾個有關晴明和伏黑使用式神的小故事。

事實上，伏黑與晴明之間，還有其他的共通點。這裡我們就先來看看晴明的成長過程與生涯吧。

賀茂忠行慧眼識才華

據《尊卑分脈》的說法，晴明生於九二〇年前後，為大膳大夫安倍益材之子。《咒術迴戰》第六〇話描寫一個特異體質的女子，腹中懷有咒靈之子。而大阪府和泉市的信太森葛葉稻荷神社，也保留了關於晴明母親的傳說。據其中的記載，晴明的母親原本是隻名叫葛之葉的狐狸，因受晴明之父（此處記載為安倍保名）所救，因而變化成人。晴明年幼時看到母親變回狐狸的模樣，嚎啕大哭，所以狐狸將靈力傳授給晴明便消失蹤影。這個故事也經由淨瑠璃等演出傳唱下來。

《新形三十六怪撰》
葛之葉狐狸與童子告別圖
安倍晴明留下各式各樣的軼聞。傳說他的母親是狐狸變身的葛之葉。

有關幼年時代的晴明，《今昔物語集》中敘述他拜陰陽道的大師賀茂忠行為師，與忠行同行的小故事。夜裡，坐在牛車上的忠行在車中熟睡，晴明步行跟隨在側，卻看見前方百鬼夜行。他稟告老師後，忠行施術隱去自己和隨從的身影，逃過一劫。

《咒術迴戰》第七十九話描寫五條悟遇見還在讀小學一年級的伏黑。他對伏黑說：「你看得見，肯定有天賦吧。」「你也察覺到自己的能力了吧？」直接了當的想挖角。又說「你的前途就交給我吧」，接著帶伏黑進入咒術高專。

雖然晴明目睹百鬼夜行，但是其他人看不見鬼。從這一點可知，忠行就如同五條能識伏黑一般，看出晴明非凡的能力，因而決心傾囊相授。忠行對晴明的才華如此評論：「教此道如移甕之水。」

陰陽道二大宗家的誕生

晴明與忠行之子保憲一同學習陰陽道，陰陽道大略區分為曆道和天文道，後來保憲繼承忠行衣缽，將天文道傳給晴明，而曆道傳給其子光榮。從此，陰陽道就由天文道的安倍家與曆道的賀茂家繼承，成為兩大宗家。

晴明雖然才華過人但很晚才出人頭地，九六〇年，晴明四十歲時成為天文得業生（陰陽寮天文道的學生），五十歲前後才成為天文博士。九七七年，保憲過世，晴明的分量倏然升高。奉天皇之命，執掌各式各樣的儀式。

晴明侍奉了朱雀、村上、冷泉、圓融、花山、一条等六代天皇，其中尤其受到花山天皇和一条天皇的信賴。九九五年，他就任天皇專屬的藏人所陰陽師，並且破格以陰陽師之職晉升從四位下的官職。連陰陽師的宗師忠行都只有從五位下來看，他的升官確實可以說是打破慣例。

順道一提，當時的年收入三六一石，相當於現在貨幣價值四億日圓。留下種種傳說的晴明，於一〇〇五年八十五歲時與世長辭。就當時來說，也是罕見的長壽。

「禪院家」之名的根源寺院

晴明在陰陽道留下莫大的影響，其中之一，是將泰山府君奉為陰陽道的最高神明。

在第二章中介紹了晴明施行泰山府君祭的咒術，令亡者死而復生的故事。由此可看得出，泰山府君是掌管人類與生物生死的神。京都有一間奉祀泰山府君的寺廟，那就是與伏黑本家「禪院」同名的赤山禪院。赤山禪院是天台宗總本山——比叡山延曆寺的別院，守護御所的鬼門。創建於八八八年，當時晴明還未出生，所以晴明與赤山禪院之間並沒有相關的故事，不過晴明用泰山府君祭救活的僧人，是天台宗的高僧。

伏黑的術式並未用泰山府君祭作為基礎設定，但和泰山府君祭一樣，源自於讓亡者復活的神道系咒術。伏黑的術式「十種影法術」是以《古語拾遺》、《先代舊事本紀》等書中記載的十種神寶為原型。類似這十種神寶符號的標誌，成為各式神的咒印。十種神寶據說是比天皇家祖先瓊瓊杵尊更早降臨地上世界的饒速日命從天上帶來的。

神寶包含鏡（沖津鏡、邊津鏡）、劍（八握劍）、勾玉（生玉、死返玉、足玉、道返玉）、布狀的飾具（蛇比禮、蜂比禮、品物之比禮），其中，《咒術迴戰》將「八握劍」設定為最強的式神，以「八握劍異戒神將魔虛羅」之名出場。

《咒術迴戰》第一一七話裡，伏黑召喚「八握劍異戒神將魔虛羅」時，會念出「布

赤山禪院（京都市左京區）
供奉陰陽道主神泰山府君的赤山禪院，守護京都御所的鬼門（東北）。

留部由良由良」的咒語。《令義解》一書裡，使用十種神寶的咒術中也有這句咒文，手拿著十種神寶喊：「一、二、三、四、五、六、七、八、九、十。」然後念「布留部由良由良　布留部」一面搖晃，就能治療生病、傷口，還能將死者喚醒。這個使用神寶的儀式，可以說相當於神道系泰山府君祭的咒術。

平安時代

建立陰陽道宗家的賀茂忠行、保憲與加茂憲紀

以陰陽道為家業的英才一族

《咒術迴戰》裡咒術三大家之一加茂家，其原型一定是陰陽道二大宗家之一的賀茂家。賀茂家是三輪系氏族一脈的名門，三輪系氏族奉最古老神社之一聞名的大神神社的主神為祖先。

忠行擅長占卜，在《今昔物語集》中，醍醐天皇想測試忠行的實力，指著用布蓋住的箱子，問他裡面是什麼，忠行利用占卜，成功的猜出其中放著水晶念珠。

忠行之子保憲生於九一七年，在《今昔物語集》中也有個關於他展現咒術師才華的小故事。忠行有次出外祈禱時，把當時才十歲的保憲也帶在身邊。回程在牛車上，保憲

說：「剛才祈禱的地方，有二三十個長相凶惡的非人者進來。」忠行聽到這話，心想：「連我對陰陽道拿手的人，幼時都看不到鬼神，這孩子一定能成為優秀的陰陽師吧。」於是將自己所知的陰陽道傾囊相授。

保憲成為陰陽師後，順遂的成為曆學博士、天文博士，就任陰陽寮的領袖陰陽頭。如剛才的軼事，保憲展現了非凡的才能，成就更超過父親忠行。保憲和晴明一同在父親門下學習陰陽道，成為陰陽道實質的掌門之後，便將曆道傳給兒子光榮，天文道交給晴明。

《咒術迴戰》中，名字與保憲同樣有個「憲」字的加茂憲紀，有一幕與禪院家出身的伏黑惠表現親近的場景。《咒術迴戰》第四十四話，在交流戰中，聽到對陣的伏黑說：「這種時不時冒出來的同伴意識是什麼？」加茂答：「是共鳴。」進而又說：「你和我是同類。」

而保憲與晴明同樣受父親賞識才能，與他一同學習，甚至忠行最後把陰陽道的事業分傳給兒子和晴明，待他如同家人一般，這段也與《咒術迴戰》的情節相似。

平安時代

蘆屋道滿與設計新・陰流的蘆屋貞綱

安倍晴明的勁敵是大師級咒術師

在許多形態的創作作品中，蘆屋道滿總是以安倍晴明的對手現身。不過，他並非真實存在的人物，而是好幾個人的綜合體。《宇治拾遺物語》、《古事談》中記述了與道滿形象合而為一的道摩法師故事。有一天，藤原道長正要跨過門時，他養的白狗咬住他的衣服，不讓他進去。道長喚來晴明卜了一卦，發現土中埋了咒具。晴明為了尋找凶手，把紙折成鳥形丟向空中，紙即變成白鷺飛去，落在道摩法師的家門前。道摩法師因此被逐出平安京。

另外，在《晴明朝臣入唐記》也有以下的故事。道滿拜晴明為師，但卻與晴明的妻子梨花私通，打聽到晴明從唐帶回的祕傳書位置後，抄寫下來。然後對晴明說，祕傳書在自己手上。晴明不信，認為他「不可能有這本書」。於是道滿提議以晴明的性命為賭注。道滿拿出抄寫的祕傳書，晴明因而殞命。但是，晴明的師父伯道上人自唐來日，使出泰山府君祭讓晴明復活。伯道上人也提議與道滿以性命打賭，看晴明是否還活著。晴明復活，所以這次換成道滿遭人斬首而死。

《蘆屋道滿大內鑑》裡所寫的道滿，不是晴明的對手，而是他的監護人。道滿想將前述的祕傳書交給晴明的父親保名，但保名認為自己沒什麼前途，希望他交給自己的兒子。道滿看出保名與狐狸變身的女子生的兒子有非凡的才能，便將祕傳書交給他，為他取名「晴明」。另外在《笈埃

《北齋漫畫》安倍晴明與蘆屋道滿
蘆屋道滿被視為安倍晴明的對手，但也留下他是晴明監護人、協助者的傳說。

隨筆》中記述，吃了人魚肉而長生不老的八百比丘尼，其父秦道滿，就是蘆屋道滿。

新・陰流與九字切的共同點

《咒術迴戰》有個與道滿同樣姓「蘆屋」的人物，它就是新・陰流的設計者蘆屋貞綱。第八十二話中，介紹對三輪霞和與幸吉施展的新・陰流，是貞綱「為了保護門人弟子設計的招數，免受凶狠歹毒的詛咒師或咒靈傷害」。新・陰流的真本領「簡易領域」，是為保護自己免受敵人領域展開的「弱者的『領域』」。簡易領域有各種變化，例如，第四十話描寫三輪的簡易領域，「對侵入領域內（半徑二・二一公尺）者，全自動以反射迎擊。」說得簡單點，就是用簡易的結界保護自己不受敵人攻擊。新・陰流除了這簡易結界外也是一種斬擊技巧，如一級咒術師日下部篤也的拔刀術「夕月」「拔刀」等。

民間流傳的陰陽道有兩個代表性的咒符，是五芒星的「晴明紋」，和直四條、橫五條線交叉形成的「道滿紋」。晴明紋出自安倍晴明，道滿紋來自蘆屋道滿。晴明紋是晴

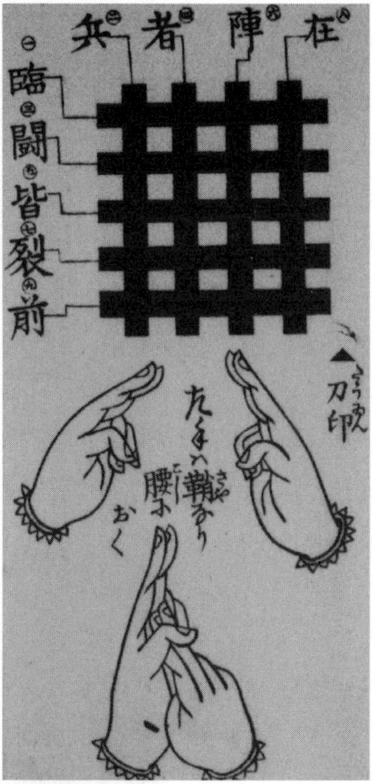

九字護身法（九字切）
與九字咒文一起，上下左右切九條線的九字切，是簡易的結界，具有祓除邪魔的力量。

明設計的驅魔圖形，又叫桔梗紋，也是晴明神社的社紋。道滿紋是將陰陽道、修驗道用的九字切圖形化的符號，一面念誦「臨・兵・鬥・者・皆・陣・烈・在・前」，一面用手模擬刀法的「刀印」將空間縱橫切開，祓除邪氣。九字切是護身法，而且也被視為切斷五陰魔、煩惱魔等所有惡魔的降伏法。

新・陰流具有「簡單領域」的護身性質，和利用斬擊進行攻擊的性質，但是可以說它的特徵與九字切相同。

平安時代

製造人造人的佛僧——西行和真人

以反魂術製造人造人

《咒術迴戰》出現的特級咒靈真人「是從人對人的憎恨恐懼中誕生的詛咒」（第二十話），真人運用「無為轉變」術式改變靈魂形狀，進而改變軀體，製造出像咒靈一樣的「人造人」。佛教說話集《撰集抄》描寫平安時代末期的僧人暨著名詩人西行，和真人一樣製造人造人的故事。西行生於一一一八年，原本是武士，俗名叫做佐藤義清。曾經討伐日本三大怨靈之一的平將門、百目鬼和大蜈蚣等陰靈的藤原秀鄉，是他的祖先。

一一四〇年，西行二十三歲時剃度出家，四處流浪。

一一四九年，西行入高野山，因為孤寂開始撿拾被家人丟棄的人骨，施展反魂術想製造出人造人。但是人造人成型後，只有模樣像人，膚色死白、聲音混濁，是個沒有心的非人者。西行十分失望，將這個人造人丟棄在人跡罕至之處。西行去到學習反魂術的德大寺家，詢問失敗的原因，結果發現他製造的方法出錯了。不過西行此後也沒有再製造人造人。

《咒術迴戰》裡，真人用無為轉變改變靈魂形狀的人，成了異形的模樣，而且也幾乎喪失意識。此外第一二一話描述的真人術式中，「多重魂」是種「讓多個靈魂融合的技能」，「撥體」則是「利用多重魂產生排斥反應，讓靈魂的質量爆炸性增加，投向敵手」的技術。

《月耕隨筆》西行法師
學得反魂之術的西行，撿拾被丟在原野上的人骨，製造人造人。

西行的人造人也是選用多具人骨組合製造，但最後並沒有成功製造出人造人。「多重魂」是利用人類靈魂無法融合的特性，可以說與西行的失敗例子有異曲同工之妙。

平安至江戶時代

長生不老的女子——八百比丘尼與天元

侍奉過源義經的長生不老人物

《咒術迴戰》中，咒術界的核心人物天元，住在咒術高專東京校地下的薨星宮，是個長生不老的人物。

而日本史上也存在著與天元相似的不死人物傳說。《清悅物語》裡，源義經有個家臣叫做清悅，他因為吃了一種身體怪異發紅的無皮魚「人歡」而得到長生不老，最後活了四百年以上。清悅教授東北大名伊達下麾下的小野太左衛門兵法，《清悅物語》就是這位太左衛門撰寫關於師尊的故事。

《義經記》裡出現的平安時代僧人常陸坊海尊為源義經的家臣，義經最後一場衣川之戰時，他去山寺參拜，因而逃過一死。據東北地方留下的傳說，常陸坊海尊後來吃了紅魚或人魚的肉而長生不老，向人們傳揚源平大戰和義經的故事。傳說江戶時代的人物也曾見過常陸坊海尊，所以他活了大概四百到五百年。《清悅物語》裡的清悅和常陸坊海尊應該是同一個人。

《康富記》撰述有個兩百多歲的尼姑白比丘尼，從福井縣上京城。《臥雲日件錄》也有同樣的紀錄，但是將這位白比丘尼寫成八百歲。《提醒紀談》則提到，有名男子在海上釣了一條長相奇特的魚，便把牠丟了，但女兒卻把魚吃下肚。後來那個女兒長生不老，活了八百歲。

《咒術迴戰》裡，天元為了維持軀殼，每五百年就必須與適合天元的人（星漿體）同化，改寫軀體的資訊（第六十六話）。

清悅與八百比丘尼都是吃了人魚或怪魚，才變得長生不老，和與星漿體同化維持長生不老的現狀上，性質一致。

〔專題〕

成為獄門疆的源信

在《咒術迴戰》第九十、九十一話，將封印五條悟的獄門疆介紹為「活的結界，是源信最終變成的樣子」。源信是平安時代天台宗的僧人，淨土真宗的第六祖。在《諸國百物語》中記載了源信入地獄走一遭，又返回人世的故事。源信撰述的《往生要集》傳揚地獄的景象，以及死後的世界觀。

平安時代還有另一個擔任左大臣的源信，不過名字的念法不同，他是彈箏的高手，《今昔物語集》記述，源信只要一演奏，連天仙都會降臨飛舞。八六六年，發生應天門放火事件，應天門是大伴氏（伴氏）建造的門，於是源信的政敵伴善男便向天皇進讒言，誣衊源信為了詛咒伴氏才放火。官兵包圍源信府邸要將他捉拿回去。雖然最後源信無罪，官兵也撤退了，但從此之後，源信再也不曾走出府邸。從地獄返回的源信，與躲在府邸足不出戶的源信，也許作者就是從這兩位源信的故事創造了獄門疆的設定。

第4章

新考察《咒術迴戰》之謎

《咒術迴戰》描寫的詛咒真面目

為什麼「詛咒」這麼吸引人？

《咒術迴戰》中「詛咒」的意義

在《咒術迴戰官方FANBOOK》中刊載了作者芥見下下老師過去的訪問與對談，文中寫到，他受到《死神BLEACH》、《境界觸發者》，以及動畫導演庵野秀明等各種作品或創作者的影響。

而有關《咒術迴戰》的製作背景，在《咒術迴戰》前傳的後記中，他說道：「我總是抱著『這樣的發展也許會很有趣』『這種人物真不錯』『故事這麼畫應該會紅吧』的直覺在畫畫。」又說：「把其他漫畫中想做但是卻無法達成的各種『直覺』點子全塞進咒術中吧，用這種感覺完成了企劃。」而且「畫漫畫的時候『主題』一直懸而未決」。

科學技術如此發達的現代社會中，為什麼以一千年前鼎盛的「咒術」作為主題的漫畫，會讓人們這麼著迷呢？那是因為《咒術迴戰》裡對於「詛咒」的描寫，象徵性的畫出現在讓我們每天害怕、煩惱、痛苦的根本原因。

一般印象中，「詛咒」大概是「期望降災於某特定人物或團體的惡意所產生的東西」。但是，《咒術迴戰》中的「詛咒」卻是辛酸、後悔、恥辱等負面情緒，官方FANBOOK裡如此寫著：「詛咒如果換個說法，就是『壓力』。」

壓力是指對心理造成負擔的狀態。因此，不只是對災害、疫病的恐懼，對神明、大自然的敬畏，都會轉化成「不可以做壞事」「如果玷污山林會遭到報應」等的壓力，因此就成了「詛咒」。

而《咒術迴戰》將這些詛咒畫成名為「咒靈」的陰靈，為（咒術師）所能看見的形體，這一點可以說是劃時代的。

現代社會最大的詛咒

本來肉眼應該看不見的無形「詛咒」或說「壓力」是從何處產生的呢？《咒術迴戰》針對最強大凶惡的咒靈——真人，是這麼說的：「從人對人的憎恨恐懼中誕生的詛咒」（第二十話）。

現代日本已藉由文明和經濟發展，某種程度克服了災害和飢餓，因此最大的壓力中心，大多是人際關係吧。

「人對人的憎恨恐懼」是從期望他人尊重的「尊重需求」產生的情緒，「希望被愛」「希望肯定工作和努力」的心情，轉變為「不想被喜歡的人討厭」「不願被夥伴排斥」的恐懼。

當對方沒有回應「希望你尊重我」的需求時，就會反過來否定對方「那傢伙有眼無珠」「對方的性格有問題」，藉此保護心理的安定。《咒術迴戰》中，真人和咒靈們對人類懷著憎惡、排斥，可以視為起自於這種「尊重需求」未能滿足而沸騰的心情。「既然你不喜歡我（不尊重我），那我也不需要你。」這就是《咒術迴戰》中的「詛咒」，也是咒靈的行為規範。

第一一六話漏瑚與兩面宿儺對戰的場景，最是象徵性的表現出這個觀點。自恃強大的漏瑚，不但難以傷及兩面宿儺，而且還迎來自己的死期。

死前，漏瑚聽到兩面宿儺說：「你很強大，應該感到驕傲」，儘管身為咒靈，卻不禁流下淚來。

對咒靈來說，人類是他們投射「害怕」「不喜歡」情緒的對象。正因為如此，他們才會排斥對方。而他們排斥的對象，本來就不可能「肯定自己」，但也表示這是他們最想追求的東西。

《咒術迴戰》之所以吸引讀者，其中一個原因應該是藉由咒靈這種有形的形象，將人們平常隱藏在心中的「希望他人尊重」的願望具體化的關係。大家不妨在故事中加入新觀點，把《咒術迴戰》中的詛咒當成「尊重需求」吧。

咒靈成為詛咒集合體的原因

許多人的壓力形成咒靈

在官方公式書裡寫道：「詛咒就是壓力」，最明顯的例子是《咒術迴戰》前傳中的主角乙骨憂太，與從乙骨詛咒中誕生的特級過咒怨靈祈本里香。

里香雖然車禍過世，但是乙骨吶喊「你不可以死！」，強烈祈求她活下來，結果里香化成怨靈，附在乙骨身上。乙骨從最愛之人死亡的壓力，運用自己無究的咒力，生出了特級水準的咒靈。

關於《咒術迴戰》裡的咒靈，真人說過：「是從人類流出的咒力匯聚而成的集合體。」「共同認知的某種可怖印象，即使它並不真實存在，也很容易變成強大的咒力顯現出來。」（第二十話）而產生「共同認知」的則是「同儕壓力」。

同儕壓力產生的「恐懼」

同儕壓力指的是在特定群體或集團中，強迫接受相同的價值觀、決策的氣氛。簡單的說，就是要求「察言觀色」。

日本是個特別重視「察言觀色」的社會。像是新冠肺炎風暴期間，雖然有一定比例的人認為「不需要口罩」「新冠肺炎並不是可怕的病」，但是大多數的人還是覺得「如果不戴口罩會被批評」「會被認為沒水準」所以還是戴上口罩。同儕壓力有其不容易造成社會衝突、保持運作順利圓滑的一面，但是必須壓抑自己的意見，因此很難發揮個性。

《咒術迴戰》第一一六話中，兩面宿儺談到人類（非術師）時說：「成群的人類、成群的詛咒，都是群聚以衡量自我的價值，所以越來越軟弱渺小。」這可以說是捕捉同儕壓力極具代表性與充滿批判性的一句話。

新冠疫情下戴口罩
WHO 不斷鼓勵大衆戴口罩，而日本戴口罩的比例比外國都高，相對於歐美八成，日本有九成人口戴口罩。

讓詛咒擴大的同儕壓力與東京

靠著這種同儕壓力，很容易產生出咒靈。因為大家害怕的事物，自己也跟著無條件的害怕，大家都批評的事物，自己也批評。《咒術迴戰》第四話提到：「與人口成比例，詛咒也變得多而強吧。」「地方與東京相比的話，詛咒的水準不同。」人越多，對人際關係的壓力（詛咒）越會增加，而且同儕壓力也升高。正因為如此，東京的「詛咒（壓力）水準」也不一樣。

平安時代的平安京，也像《咒術迴戰》的東京一樣，許多鬼和陰靈跋扈囂張。實際上，平安京和現代的東京一樣，有著同儕壓力強烈運作的時代背景。由於奈良時代開始實施的律令制，到了平安時代更加完備，有了完整的國家規格，價值標準也趨於統一。總之，在平安時代「什麼是對」「什麼是錯」的同儕壓力十分強大，而色彩最濃厚的地方就是平安京。咒術全盛的平安時代，與《咒術迴戰》裡的東京，共同點就是兩者都是同儕壓力強大的地方。

咒術師不會生出詛咒的原因

咒術師是具有「高層尊重需求」者

《咒術迴戰》第七十七話，特級咒術師九十九由基，向夏油傑說：「術師不會生出咒靈。」「當然，除非術師本人死後轉化為詛咒。」而且還解釋了理由：「與非術師相比，術師流出的咒力極少。」

如果用前述「詛咒是從『尊重需求』產生的壓力」來解讀這句話，就不難理解了。美國的心理學家亞伯拉罕．馬斯洛將尊重需求分成「低層的尊重需求」與「高層的尊重需求」兩類。前述「希望別人肯定自己的能力」「希望別人喜歡自己」這種追求他人認可的

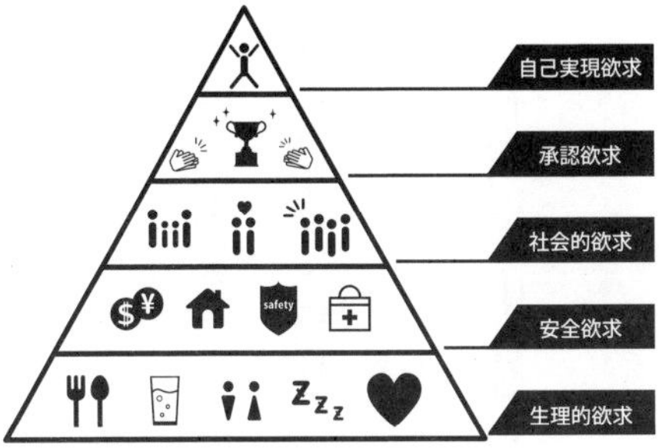

馬斯洛的需求五階段說
心理學家馬斯洛認為人的需求有五階段，滿足了低層的需求時就會追求高層的需求。

情緒是「低層的尊重需求」。而把問題放在自己能不能肯定自己（尊重自己），與他人的肯定無關，則是「高層的尊重需求」。

非術師會產生詛咒，是因為他們向他人尋求尊重需求造成壓力的原因或抒發（低層的尊重需求），這種現象在漫畫中以「咒力流出」來表現。

在自己心中控制詛咒的咒術師

多數在《咒術迴戰》出現的咒術師，都懂得重視這種「高層尊重需求」。其中最具代表性的是釘崎野薔薇。

第一一六話兩面宿儺說過：「成群的人類、成群的詛咒，都是群聚來衡量自我的價值，所以越來越軟弱渺小。」

而第五話釘崎說起進入咒術高專東京校的原因：「因為我討厭鄉下，想住在東京。」虎杖問她：「為了這個原因，可以賭上性命嗎？」她回答：「可以啊，為了做我自己。」

釘崎在鄉下出生長大，村民彼此間距離很近，「當陌生人還比交朋友來得難。」她說到一位「沙織」搬來鄉下，但村民卻以外來人為由，在她家門口丟垃圾或亂塗鴉，同儕壓力非常強烈（第一二五話）。釘崎感到「如果待在那個村子，我跟死了沒兩樣」，因而決心上京。

從第四十一話，我們更清楚釘崎的想法。釘崎高聲宣告：「我最喜歡漂亮時髦的自己！我喜歡想要變強的自己！我就是『釘崎野薔薇』啊！」可知她重視自己的評價遠勝於他人。

非術師是向自己之外追求詛咒（壓力）的原因，也向外抒發，相對的，咒術師不產生詛咒是因為他們在自己內在抒解對尊重需求的壓力，換言之就是高層的尊重需求。第七十七話，九十九說咒術師不流出咒力的原因，是「雖然根據行使術式，咒力的消耗量和容量有差異，但是主要還是咒力流，術師的咒力會在本人的體內流轉」，所以可以理解吧。這句台詞可以說象徵性的表現出對尊重需求的壓力向內部而非外部追求的心態。咒術師與非術師的不同就是從自我抒解詛咒（壓力）或向外散發而產生的。

為什麼五條悟與兩面宿儺最強大？

對同儕壓力的抵禦力決定咒術師的等級

不怕被他人嫌棄的角色們

如果說咒術師是控制詛咒（壓力）的人，那麼為什麼強度有高有低呢？如果將這一點與咒靈會經由「同儕壓力」而增大相結合，就很清楚了。有關高等級咒靈經由同儕壓力而產生的背景，前面已經提過，不過咒術師們卻沒有向同儕壓力屈服。

《咒術迴戰》中出場的咒術師絕大多數都被描寫成孤傲不羈的人物。根據官方FANBOOK，主要角色中已婚者只有咒術高專東京校的校長——夜蛾正道（已離婚），其他人物大多是年幼時父母雙亡或離婚的設定。雖然在社會上並不孤立，但是並不依賴別人的評價，站在自己的價值觀上，自主生活，便是作者對咒術師的描寫。

咒術師是些不會被「低層尊重需求」（即詛咒）所束縛的人，換言之，也可視為「並不害怕被他人討厭的人」。總而言之，就是不屈服於同儕壓力的人。

是否在意他人的目光，也就是對同儕壓力抵禦性的強弱，對咒術師的強大也有很大的影響。除了四位某種突變的特級咒術師之外，咒術界實質上最頂級的一級咒術師有七海建人、東堂葵、冥冥、日下部篤也等。他們都擁有堅定的價值標準，不會因為他人的眼光而走偏。一級水準的咒術師不會因為同儕壓力而改變自己的意見，也不追求他人的評價。

相對的，同樣是咒術師，但是像一直懷著「禪院家吊車尾」的自卑感（在意他人的評價）的禪院真依，還有「別人對女咒術師的要求，不是『實力』而是『完美』」，對女性有著刻板價值觀的西宮桃等，都因為在意他人的眼光，對同儕壓力的抵禦性比其他咒術師低，所以咒術水準也不高。

表現五條悟與兩面宿儺的同一字彙

五条悟是現代咒術師中最強大的人，但是，其他出場角色對五條的批評卻十分辛辣。《咒術迴戰》第五集，同學庵歌姬明白說：「我對五條真的相當討厭」另外，第十集卷末，「最強」之外的的評價有「勉強算是恩人……勉強」（伏黑惠）、「笨蛋」（釘崎野薔薇、禪院真希、熊貓、狗卷棘）、「輕浮、個人主義」（七海建人），除了「強大」以外，都不太尊敬他。但是，五條一點也沒放在心上，甚至他根本沒感覺。可以說五條是個自我極度膨脹的人吧。最具象徵性的是，五條悟與「詛咒之王」兩面宿儺用同一句話來表現自己。兩人在《咒術迴戰》中都擁有超規格的強大能力，而兩人都用「天下天下唯我獨尊」來表現自己。

第三十話，作者用「天上天下唯我獨尊生存的方針唯有自己快樂與否」，而五條在七十五話，因為無法保護天內理子而讓能力覺醒，這時，他的心境轉化為「我現在並沒有為了妳而生氣，也不恨任何人，只是覺得這個世界令人暢快無比」，然後大聲的說「天上天下唯我獨尊」。

這句話是佛祖釋迦牟尼誕生時開口說的話，意思是「自己是世界（宇宙）獨一無二，無人可取代的人，不需任何冠冕，本身自帶尊貴」。與學歷、社會地位、經濟能力、時尚眼光等社會評價等都沒有關係，自己最為尊貴，可以說是絕對的自我肯定感吧。

五條與兩面宿儺能自由自在的操縱強大咒力，可以說是因為他們在《咒術迴戰》中是超越「詛咒」（壓力）的人物吧。

誕生佛
佛陀誕生時的姿勢。右手指天上，左手指天下。
《咒術迴戰》裡也描繪五條悟指著天與地的場景。

為什麼虎杖悠仁能製造「不存在的記憶」？

加在虎杖悠仁身上的詛咒

漫畫中「不存在記憶」之謎

《咒術迴戰》中，主角虎杖悠仁身上發生了不可思議的現象。那就是虎杖在對手過去的記憶中創造「不存在的記憶」，對手因而對虎杖產生強烈親近感的現象。最早描繪「不存在記憶」是在第三十五話，當東堂葵問他喜歡什麼樣的女生，虎杖回答與東堂的偏好同樣是「屁股和個子都很大的女生」。就在這一秒，東堂的腦海充溢著「不存在的記憶」。那段記憶中，東堂與虎杖和東堂迷戀的偶像高田延子（通稱高田妹）是同學，而且出現了東堂向高田妹告白卻被甩掉的記憶。虎杖上京之前住在仙台，而高田是偶像，根本不可能是同學。此後，東堂叫虎杖「兄弟」。

另外，第一〇六話脹相把虎杖逼到死角正想給他致命一擊時，突然浮現出「不存在的記憶」，虎杖與他弟弟壞相和血塗坐在餐桌前。桌上有六只裝著未受肉的咒相九相圖的瓶子，第四－九號咒胎九相圖嚴密保管在咒術高專東京校裡，不可能存在這種過去。

其他，在第二十七話裡，被真人改造成人造人的吉野順平在臨死前，對著一向叫全名的虎杖喃喃叫著「悠……仁……」。動畫版第一集前半的開場描繪他與虎杖等人在咒術高專讀書生活的情景，所以猜測吉野會不會也產生「不存在的記憶」呢？

語言成為「詛咒」

網友們推測，「不存在的記憶」會不會是虎杖的術式，或者道成肉身的兩面宿儺的術式呢？可是虎杖不會施展術式，在《咒術迴戰》第十二話中，五條悟說：「術式與簡簡單式神或結界術不同，它是從出生就刻在身體裡的。」「所以，咒術師的實力，才能大概占八成的感覺吧。」五條具有「六眼」能完全理解對手的術式，所以很明顯不是虎杖的術式。

另外，在第一〇六話，脹相對「不存在的記憶」感到疑惑，兩面宿儺也表現出「……？」無法理解的樣子。因此這也不是兩面宿儺引發的現象。

網路上比較有力的推測認為，那是虎杖祖父遺言所產生的詛咒。第一話，祖父留下遺言：「你很強大，去幫助別人吧。」「你要在眾人圍繞下死去，可別像你爺爺這樣。」這句話對虎杖有很強烈的影響，後來成為虎杖的行動方針，他說過：「自己的死狀已經決定了。」

第一二〇話，有一幕暗示語言會成為「詛咒」，七海建人被真人殺死之前，眼前浮現出過去死亡的同學灰原雄的影像，心想：「不行，灰原，那是不對的，不能說出來。」「對他而言，那是『詛咒』。」儘管如此，他還是向虎杖說「以後拜託你了」，然後斷氣。灰原是七海的死黨，過去兩人去討伐咒靈時失去性命。灰原是否成為七海的詛咒，我們不得而知，但至少這句台詞證明七海知道語言會成為詛咒。

《咒術迴戰》第○集，五條無法判斷附身在乙骨憂太的怨靈祈本里香，到底是來自於里香對乙骨施的詛咒，還是乙骨對里香施的詛咒，所以由此可看出六眼即使可看見術式或咒力，卻無法詳細感知詛咒。

由於這些關係，所以即使五條不知道虎杖被祖父施了咒也可以說得通。

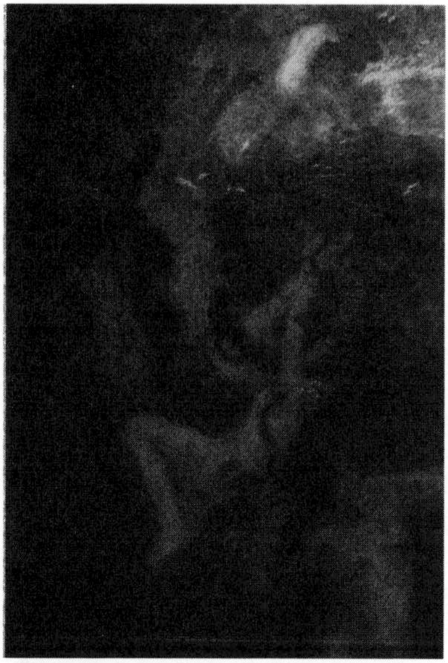

黃泉比良坂
東京藝術大學美術館　藏
拜訪死後世界的伊弉諾尊見到腐爛的妻子大驚逃跑。伊弉冉尊詛咒的說一天要殺掉一千人。

真人「你就是我」的真正意義

「虎杖」的名字表現出「不存在記憶」的效果

「不存在記憶」所浮現的內容，都是當事者想看到的影像。像東堂沒有朋友，一直在追求與自己價值觀相同的人，脹相追求的是兄弟情，當時他剛剛失去重要的弟弟壞相和血塗。而吉野飽受霸凌，拒絕上學，渴望快樂的求學生活。

虎杖的名字就暗示了他受到詛咒，會產生「不存在的記憶」。在官方FANBOOK中揭示「因為名字是一種草藥」。虎杖這種草藥是蓼科植物，葉子有止血作用，或緩和傷勢的效果，所以日文名字與「止痛」同音。這暗示虎杖能舒緩對手的心痛，會不會是「你要在眾人圍繞下死去」的詛咒，讓他給對手強烈的親切感呢？

從「詛咒＝壓力」的邏輯來思考，「不存在的記憶」有祓除（消解）對方尊重需求的詛咒（壓力）的效果。相對的，真人則被描寫成以拒絕和否定對方，才回應尊重需求的詛咒（壓力）。

《咒術迴戰》第一二六話，真人對虎杖說的台詞：「你就是我虎杖悠人。我心無雜念的殺人，你則心無雜念的救人！」最能表現這個說法。

虎杖給予對手最想追求的羈絆（的回憶），真人是採取「死亡」這個最極端的解決方法，兩人處理詛咒（壓力）的方式完全相反。正因為如此，真人才把虎杖當成「天敵」，誓將他除之而後快。

虎杖滿足別人的尊重需求，真人用「死」展現最極端的優勢，對尊重需求的詛咒（壓力）提出解答，這一點兩者是相同的，虎杖與真人是互為表裡的關係。

說到詛咒，大家印象最深的，大多是咒殺敵人的「詛咒」。

但也很多連結人與人情感的咒術，像是密宗和修驗道中的敬愛法，或神道有關「產靈（musuhi）」的神事等。

虎杖和真人處理詛咒的不同，充分表現出日本咒術的兩面性。

兩面宿儺是何方神聖？

為什麼兩面宿儺有兩面？

典籍中記載的兩面宿儺

《日本書紀》中出現的兩面宿儺，是飛驒地方的怪物。他有兩張臉和四隻手，長相就像是兩個人背靠背黏在一起，十分詭異的怪物。據說他和眾多手下住在石山上，仁德天皇命令建振熊命前往討伐。但是在飛驒地方當地也留有兩面宿儺被奉為英雄的傳說。也有人說，這個兩面性的長相，是用來表現這位豪族同時兼有對抗大和王權的殘暴將軍，和恩澤當地百姓的優秀的統治者的面向。

《咒術迴戰》中的兩面宿儺，在第三話和扉頁圖等多將他畫成具有四隻眼睛和四隻手臂的模樣，很難想像他是個人類。另一方面，書中也明確點出兩面宿儺並不是咒靈，而是真實人物。第三話中提到「兩面宿儺是假想的鬼神，有四隻手臂和兩張臉。但他是真實存在過的人物，只不過那是一千多年以前的事了」。此外在官方 FANBOOK 提到：「外表和能力都很有宿儺的味道，所以才被稱為宿儺的人。」並且明確解釋他與傳說中的兩面宿儺完全沒關係。

那麼，《咒術迴戰》裡的兩面宿儺真身為什麼長得一副半人半鬼的異形模樣呢？想得到的可能性有兩個。第一，可能是咒物借用人體道成肉身；第二，可能他是人與咒靈的混血兒。

第五十五話描繪了咒胎九相圖脹相三兄弟的出生原委，脹相兄弟是真人讓人類吞下咒胎九相圖的結果，但是被迫吞下的人沒有意識，呈現脹相完全占據軀殼的狀態。儘管也有像血塗長成咒靈的模樣，但他終歸還是一種生物（人類），從這幾個情節，便能考慮到兩面宿儺是某個咒物道成肉身的存在，或者是咒靈與人類之間的混血。兩面宿儺的「兩面」不正表現出咒術師與咒靈的兩個面向嗎？

偽夏油有意製造兩面宿儺

偽夏油想達成的理想

《咒術迴戰》第一三六話，在偽夏油與九十九由基的對話中說到：「非術師、術師、咒靈，都是『人類』這種『咒力』形態的可能性。」從這裡再深思，偽夏油的目標，並不是夏油傑設想「只有咒術師的世界」，他想達成是「完美人類」的完成。那麼，什麼是完美人類呢？第六十話，加茂憲倫（偽夏油）說過「明治初期體質特異、懷了咒靈之子的女子」，描寫成為「咒靈與人類產下之子的俘虜」，生產出咒胎九相圖的經過。如果將偽夏油對九十九由基說的理想一併考量的話，可以推測偽夏油的目標是融合非術師、咒術師與咒靈三者。

兩面宿儺具有咒術師或咒靈難以超越的力量，難道不就是因為他是咒靈道成肉身的咒術師，或者人類與咒靈的混血兒嗎？雖然兩面宿儺是本能的，也就是咒靈般的個體，甚至會說出：「生存的方針只有自己的快樂與否」（第三十話）。不過從這一點可以推察，偽夏油在加茂憲倫的時代，有意藉人工製造出理性與本能兼備的「兩面宿儺」，即「完美的人類」，但在過程中生出來的，卻是咒胎九相圖。

典籍裡的咒術師，也存在著人與咒靈的混血兒，或是人與咒靈融合的個體。陰陽師安倍晴明傳說母親是狐狸葛之葉的化身。而在修驗道中，修驗者的咒術升等時，頭上會長出角來。山伏（修驗者）頭上戴著小型的帽子、頭襟，據說就是用來隱藏頭上的角。修驗道最終的目的，是成為超越人類的神仙（仙人）。另外，密宗期望的是活在世上，同時成為佛（神）。

偽夏油想製造出人造的兩面宿儺，與日本史上許多咒術師意圖成為「超越人類的存在」，兩種行為可以說是相同的。

《新形三十六怪撰》
小早川隆景彥山之天狗問答圖
化身修驗者的天狗頭部戴著頭襟，據說是為隱藏頭角。

兩面宿儺幫助伏黑惠的原因

讓人死而復活的十種神寶的祕法

十種神寶是十種影法術的原型

官方FANBOOK裡，作者芥見下下老師說：「雖然已經決定最終話和各關鍵時刻的結尾，但是其間的過程還有幾處未決定。伏黑的下場已經決定，但虎杖的還沒有。」從這裡可以預測伏黑惠與故事結局大有關係，將面對有必然性的終結。那麼，結局會是什麼樣的呢？

前面已提到，伏黑使用的禪院家相傳術式「十種影法術」，是以《古語拾遺》、《先代舊事本紀》中記載的神器——十種神寶為原型。《咒術迴戰》第一一七話，在召喚「八握劍、異戒神將、魔虛羅」時，會念誦「布留部由良由良」的咒文，與運用十種神寶的神事禱詞相同。十種神寶現已不存在，只有古書上記錄的象徵性圖形。從這些圖形酷似伏黑式神的咒印可以看出，十種神寶是十種影法術的原型。

神所傳授、與三種神器並陳的神器

天皇繼承皇位時必備的三種神器，是天皇祖先降臨地上世界時，至高之神天照大神傳授的神寶。另一方面，十種神寶是饒速日命從天上世界帶來地面，作為他是天孫的證明。饒速日命降臨時乘坐的是稱為天磐船的飛船，《先代舊事本紀》中記載，他從空中看到地面世界時說：「普天之下日本之地。」這被視為「日本」國號第一次出現，暗示著饒速日命是個足以成為「天皇」的人物。

饒速日命，為首位天皇神武天皇為親自統治全國發兵東征前，治理大和（奈良縣）的王，在神武天皇的祖先瓊瓊杵尊天孫降臨之前，這位神就已經降臨地面了。與神武天皇對峙的饒速日命知道對方也是天孫後，甘願臣服，透過兒子宇摩志麻遲命獻上十種神寶。而後饒速日命的子孫物部氏將他供奉在奈良縣天理市的石上神宮，代代傳承祭祀。

領域展開「嵌合暗翳庭」名稱的由來

伏黑的領域展開取名為「嵌合暗翳庭」，「嵌合」是指蓋子或螺絲等咬合，「暗翳」是表現暗影的名詞。有伏黑術式的代名詞——黑影的封閉空間的意涵。那麼，說起來應該給人洞穴印象的「嵌合暗翳庭」為什麼稱為「庭」呢？這也與十種神寶有關係。奈良縣天理市的石上神宮，是日本最古老的神社之一，本來這裡並沒有祭祀神的建築（本殿），而是將御神體*埋在禁足地（不得踏入的聖地）石上布留高庭，進行祭祀。明治時代開挖後，從這裡出土了寶劍（布都御魂劍、天羽羽斬劍）和曲玉等。如同傳說，這裡埋藏著可回溯到神話時代的神寶。

石上神宮奉祀十種神寶的物部氏，其名字中的「物」一詞在古語中表示武具，同時也有「靈魂」的意思，所以可以判斷物部氏是掌管靈魂的氏族。直到現在，石上神宮每年十一月的鎮魂祭上，都還會用描摹十種神寶圖的紙，舉行唱誦「布留部由良由良」的神事。另外，如同第三章介紹，據說使用這十種神寶的神事，具有讓亡者死而復生的神力。從這件事可看出兩面宿儺為什麼對伏黑如此執著，有時候還會救他一命。

此外，《咒術迴戰》第一一七話，兩面宿儺向失去意識的伏黑說：「我還有事要你辦」，然後施展反轉術式。從這裡可以認為，兩面宿儺推測伏黑具有讓亡者復活的術式，因此打著想利用他讓自己完全復活的算盤吧。

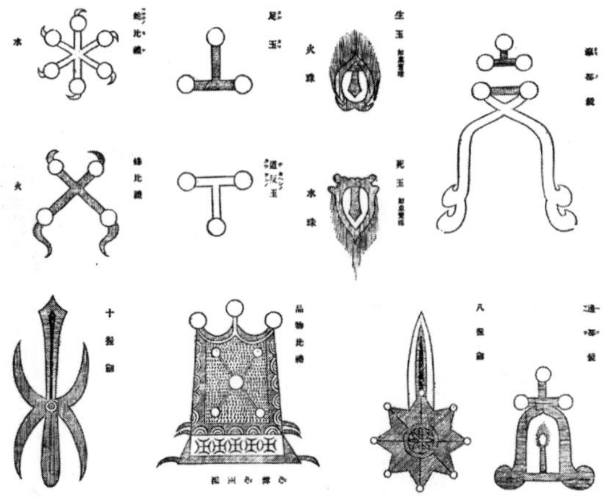

十種神寶
另一位天孫饒速日命帶來的神器，據說具有讓亡者從死裡復生的靈力。

*譯注：神所寄宿的物體。

復活的聖地——熊野和安倍晴明

兩面宿儺、饒速日命和安倍晴明因「熊野」而連結

前面曾說過。從伏黑惠與安倍晴明之間可看出的關聯性最多，但饒速日命與晴明與近畿地方最大的咒術聖地——熊野，都有著很深的淵源。饒速日命在降臨地面世界後以大和為據點，其勢力範圍在紀伊半島一帶，他的部下長髓彥與神武天皇的軍隊對戰。從大阪上岸的神武天皇與長髓彥軍對陣交鋒，但軍隊潰敗，甚至失去了長兄五瀨命。因此，神武天皇乘船迂迴繞過紀伊半島，以光輝那智的瀑布為標的，在熊野登陸。後來神武天皇大破長髓彥軍，表示自己也是天孫，饒速日命降服。

熊野是修驗道的聖地，自平安時代起，就是天皇、上皇、皇族相繼來參拜的地方。前述的那智瀑布還留著安倍晴明的傳說。在《熊野那智大社文書》或《源平盛衰記》中，花山上皇到訪那智閉居時有魔物阻礙，因而喚來晴明。晴明用了兩名式神，將魔物封祀

在石屋裡。

此外，《古事談》也記載晴明承受那智瀑布擊打，進行一千天的修行。熊野被稱為「復活之地」，佛教傳來後，人們認為山中是淨土，也是「死亡與重生」的靈域。

按飛驒地方留下的傳說，兩面宿儺是當地的統治者，創建了許多神社佛寺。雖然不知兩面宿儺出自何處，但是統治飛驒地方的斐陀國造為饒速日命子孫的體系，所以，兩面宿儺有可能也與饒速日命有遠親的關係。

與伏黑惠同為式神使用者的安倍晴明、帶來十種神寶，後來成為伏黑術式原型的饒速日命、與饒速日命可能有遠親關係的兩面宿儺，看起來他們全都與「復活之地」熊野有關聯。

那智瀑布（和歌山縣東牟婁郡那智勝浦町）
傳說安倍晴明在此修行，瀑布的水有延年益壽的功效。熊野有很多與安倍晴明有淵源的地方。

擁有不死術式的天元是何許人？

從陰陽道找到薨星宮的位置

東京都內的兩個結界

《咒術迴戰》中最神祕的人物，大概是天元吧。他是主要角色裡唯一沒有露相的人物，而且待在咒術高專東京校地下的薨星宮。官方FANBOOK介紹：「咒術高專為首的國內主要結界，以及其他許多『結界術』全都靠著天元之力提高了水準，因此若是天元意志消失而失去了他的支援，國內咒術性的防護恐怕會削弱不少。」

從這句話可知天元並不是在沉睡的狀態，是個有意志、有人格的人物，與整個結界息息相關的「結界之神」。

咒術高專東京校內林立著許多神社佛寺建築，但是絕大多數都是虛像，由天元每天改變配置。在超過一千座虛構建築中，有一座電梯可降到高專最底層。最底層有一條山路連接薨星宮。只有選對正確的通道，才能達到天元所在的本殿。跨進最後一道門，只有天元親自邀請的人才能進入，而天元就坐在這特別結界的中央。

《咒術迴戰》第五十三話，偽夏油說：「天元除了結界運用外，基本不會干涉。」也就是說他擁有獨一無二的結界術與「不死」的術式，但幾乎從不干預社會。

另外在第一三七話，澀谷事變後，東京顯然已經全毀，但是東京卻還有「以皇居為中心的結界」和「以薨星宮正上方為中心的結界」兩個結界。

皇居以西的咒術聖地

皇居中有座神殿稱為宮中三殿，一年到頭由天皇擔任祭主，舉行神事。皇室祖先，至高之神天照大神乃是太陽神，然而與天元相關的詞彙，多會讓人聯想到黑夜世界。像是「天元」表現宇宙的中心，而蕘星宮、星漿體等都有「星」這個字。

據陰陽五行說，萬物都由「陽」與「陰」兩兩成雙的構成。

如果以陰陽太極圖來表現這個原理，則皇居（天皇）為「陽」，天元的蕘星宮（天元）則為「陰」。如果與陰陽太極圖相對照的話，陰位於皇居之西，也就是八王子市。

《咒術迴戰》第一三七話中說明澀谷事變中只有奧多摩的町村、青梅市、逃過一劫的秋留野市、八王子市、部分町田市和各島嶼，與上述的理論也不矛盾。

八王子市除了有昭和天皇武藏野陵之外，還有高尾山藥王院，這裡是東京地區修驗道的聖地，也就是咒術的中心地。

現在雖然是佛教寺院，但以前曾是推動神佛習合的地點，也有鳥居或神社，就像咒術高專東京校裡神社寺廟混合一般。從這種種事跡可以推測咒術高專東京校設定在八王子市附近。

藏在歷史陰影中的神——高皇產靈尊

伊勢神宮與薨星宮

《咒術迴戰》第一三七話出現了「幕末東京遷都候選地——薨星宮正上方為中心的結界」的對話。這是個十分大膽的計畫，把皇居預定遷到天元所在的薨星宮正上方。而伊勢神宮便採取了同樣的形式。

伊勢神宮內宮的御神體，為三種神器之一的八咫鏡，被視為至高之神天照大神的分身。實際上，伊勢神宮還收藏了另一副御神體，叫做心御柱，就埋藏在奉祀八咫鏡的正殿地下。在伊勢神宮，每二十年會舉行式年遷宮的儀式，在隔壁的空地重新興建完全相同的神殿，將神遷過

古殿地的覆屋（前方）與正殿（後方）
心御柱所在之地用覆屋蓋住，不讓參拜者看見。

去。但是古殿地（遷移後的空地）會建造覆屋，隱藏心御柱所在的位置，由此可知心御柱是多麼神聖的東西了。為什麼要將心御柱埋在地下？由於它是祕密儀式，並沒有公開。但是肯定含有某種咒術的意義。

有人認為心御柱代表了高皇產靈尊。降臨地面的天皇祖先瓊瓊杵尊，是天照大神（父方）與高皇產靈尊（母方）的孫子。一般認為命令瓊瓊杵尊統治地面世界的是天照大神。但這只不過是《日本書紀》中眾多傳承之一罷了。《日本書紀》正文只有高皇產靈尊以司令神的身分出現。而在《古事記》裡，天照大神與高皇產靈尊都是司令神，高皇產靈尊與天照大神並列為至高之神。

蒐星宮的大神木象徵的是高木神

這裡可以指出高皇產靈尊與天元有幾個關聯性。在《咒術迴戰》裡，天元所在的薨星宮，有棵巨大的神木扎根在本殿下。而高皇產靈尊的別名叫高木神，顧名思義，就是將高大樹木（巨樹）神格化的神。與人類相比，樹木的長壽幾近於長生不死，可以說它就是天元的象徵。

這位高皇產靈尊也是妙見信仰的神尊之一。妙見是將北極星、北斗七星神格化的用詞，北極星是北半球唯一不動的星，因而人們將它視為宇宙中心的神，又叫天皇大帝。據說日本「天皇」的稱號，也是取自於這個宇宙中心之神的象徵「天皇大帝」。妙見又稱北辰，而北辰也有天子（皇帝）或帝居（皇居）的意思。平將門對妙見的信仰十分虔誠，後世還留下將門與六名影武者按北斗七星的位置站立的圖像。此外江戶幕府成立時的都市計畫中，據說天海模仿北斗七星的排列方式，配置安放將門首塚、冠塚等與將門有淵源的神社，並且鋪設結界。

東京的兩個結界、八咫鏡與心御柱、太陽神與星之神、地上世界的皇居與地下的薨星宮、北斗七星的結界等，都可看出天元和與天照大神並列的至高之神——高皇產靈尊的關聯性。

武雄神社的御神木（佐賀縣武雄市）
樹齡三千年的大楠樹，根部有空洞。薨星宮也有巨木聳立，下方有天元據守的空間。

為什麼狗卷棘的詞彙是「御飯糰的餡料」

御飯糰是抑制言靈的結界

御飯糰又叫御結，表現靈的力量

狗卷棘操縱狗卷家相傳的高等術式「咒言」，平常為了抑制咒言的力量，說話時的詞彙全都集中在御飯糰的餡料。

作者芥見下下在官方 FANBOOK 上，提到狗卷用飯糰餡料說話的點子時說：「很久以前想過，如果有個角色喊著『鮪魚美乃滋』就發飆的話應該很有趣，所以就借用了這個點子。」從咒術上來看，狗卷把御飯糰餡料作為說話詞彙是有道理的，所以又深入的研究了一下。

御飯糰又叫御結，「結（musubi）」源自於神道中的「musubi（產靈）」，產靈指的是創造萬物的靈力，從男女經由看不見的緣分結合，表現出創造新生命的世界觀。

在記紀神話裡，米是天上世界的神明降臨地面時，至高之神天照大神賜予的神聖食物，所以神社的祭禮多與稻作有關。由於一粒稻穗能長出多粒的稻米，所以人們認為米粒裡住著名叫「稻靈」的神。而把稻靈結合為一來表現「產靈」的力量，所以稱為「御結」，御結在神道中就是如此包含了咒術的概念。

有一個說法認為，將御飯糰捏成三角形，是在表現將「產靈」之力神格化的造化三神（天御中主神、高皇產靈神、神皇產靈神）。另一個說法認為，捏成三角形是因為對山岳的信仰，因為山把清澄的水供給鄉里，帶來豐饒的五穀。

御飯糰的餡料將「產靈」的力量象徵化，也就是御神體。

驅使強力「咒言」的狗卷，用飯糰餡料當詞彙，可以說象徵了結界的功能，以靈的力量抑制會反抗自己的言靈。

狗卷棘不說「梅子」的原因

「梅」是咒術師的忌諱詞嗎？

狗卷說的飯糰餡料語彙中，不知為什麼少了最重要的「梅子」。網路上頻頻可見「梅」與「埋」「膿」「產」*等其他詞彙混合成為咒言的研究。但是這裡也想到另一個可能性。日本一向有婚禮上不說「切」「分開」等詞彙，忌諱帶來不幸的語言文化。不使用「梅」會不會因為這個詞是禁忌的字詞呢？

「梅」是與三大怨靈之一——菅原道真有關的花。道真愛梅，五歲時第一次作的詩，就是以梅花為題材。菅原家和全族的家紋是梅花，住處也種植了多棵梅樹。道真被貶至九州大宰府，離別時不捨家中的梅花，寫下了「東風既吹起　願送花香來　主人雖遠行　勿忘春來時」的和歌。

後來還有個「飛梅傳說」，梅樹跟著道真飛到大宰府去了。現在這棵飛梅成了福岡縣太宰府市太宰府天滿宮的神木。梅花可以說是道真的代名詞。

梅乾種子中的核（胚），叫做「天神大人」，可食用。但是，青梅和生梅的核，恐會引發腹痛或中毒，據說「食梅不吞核，核中有天神」。這雖然是對生梅或青梅有毒的警語，但是這則諺語也結合了對死後變成怨靈的道真的恐懼。此外民間還有「夜裡不可吃梅乾，會把天神大人吵醒」「鹽漬梅乾若是出現異狀，家人就會發生不幸」的迷信。梅乾被認為是象徵道真降災或神威，有靈性的食物。

前面提到在御飯糰餡料布下結界封閉言靈，但是象徵道真的「梅」言靈，也許無法用御飯糰的結界來封閉吧。

《月百姿》菅原道真
道真是知名的和歌才子，他作的第一首詩以梅花為題材，宅邸叫做「白梅御殿」，別院叫「紅梅御殿」。

＊譯注……這三個字與梅同音。

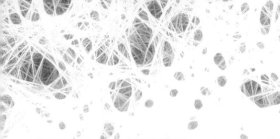

〔專題〕

從赤血操術看到「chi」的靈力

《咒術迴戰》中，赤血操術是加茂家相傳的術式，顧名思義，它是種操縱血的咒術。血的日文訓讀發音，來自於日本古語中的「チ（chi）」。「chi」是表現自然界的物體或自然現象的靈力的字，火神軻遇突智（kagutsuchi）和八岐大蛇（yamatanoorochi）的名字裡都有（chi）字。「chi」是生命力的根源，因此把血液稱為「chi」。火神軻遇突智被斬殺時，從他的血生出了石頭和水的神。赤血操術是對血液加壓噴射攻擊，或者是讓它凝固變成子彈的狀態。

伊弉諾尊（右下）與軻遇突智（左上）。
軻遇突智是「chi」的代表神祇，被殺後生出岩石和水的神。

加茂憲倫製造出的咒胎九相圖也會使喚赤血操術。不過與術師不同的是，他們是利用咒力來產生血液。把血液思考成靈的力量，即咒力「chi」的話，用咒力製造血，也算是在神道觀念十分合理的設定。

第5章

從咒靈了解日本的信仰

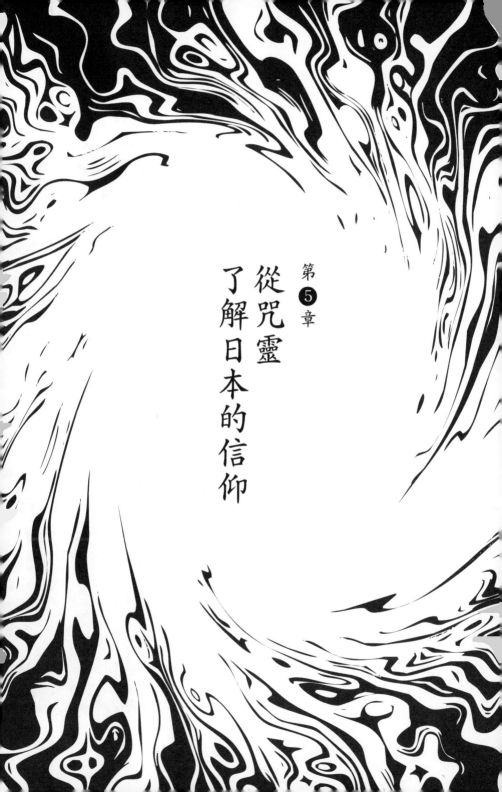

帶來福澤與災難的八百萬之神

日本有無數神祇的原因

眾人皆稱日本的神祇是八百萬之神，八百萬是無數的意思。《古事記》或《日本書紀》記載，日本的神五花八門，包括從天皇家和豪族的祖神，到山、河的自然神、寄宿於門或建築等建造物的神明等等。在記紀神話中，光是知道神名的神就有三百至五百位。進而日本還有《風土記》或《古語拾遺》等古典典籍、地區的傳承，加起來真的是無法計數。

神是什麼？很難為祂下定義，不過簡單來說，應該是「左右自己生命（命運）和生活、比人類（自己）地位更崇高的主宰者」吧。日本國土饒富變化，有海、山和河流，而且

《出雲國大社八百萬神達緣結給圖》
日本的信仰認為生物、無生物、自然物等天地萬物都有神靈寄宿。

四季分明，既豐富了自己的生命，也充斥了危險的狀態。正因為如此，在日本萬物皆有神靈寄宿，人們向神明祈求平定災害，帶來福澤。

不只是自然物體，優秀的人物或統治者，也會影響自己的人生。所以人們將古代的天皇、德川家康、乃木希典等大人物當成神來祭拜。繼而，長年使用的工具，是自己生活中不可缺少的東西，所以人們認為工具中也有神靈。《咒術迴戰》中，這些自然界裡人們的畏懼變成了詛咒出現。從大自然到生物、人類、無生物的工具等，認為一切物體都有神靈的日本，同時也是對一切物體都心懷恐懼的國家。

在這一章中，我們將介紹日本人認為什麼樣的物體有神寄居，又令人害怕。

從咒靈看自然界的神明

從漏瑚看山岳信仰

人們對山的絕對恐懼

日本人認為執掌風土的神明會寄宿在各種自然物上，因而會祭祀它們。像這種自然界的神寄宿的物體叫做「神奈備」。山中生活艱難，所以自古人們就認為那是神的領域。山會帶來水和養分，讓田野結實，另一方面，山也會爆發洪水、土石流、噴火等災害。這種種因素讓人們認為山本身就有神存在，山岳信仰也因應而生。這種將山視為神的山稱為神體山。奈良縣櫻井市的大神神社，是日本最古老的神社之一，社內並沒有供奉神的本殿，而將三輪山本身當成神體。

《咒術迴戰》裡，從恐懼自然而產生的三名咒靈中，最強的是長相如同山形的漏瑚。他的實力極強，可以瞬間殺死特別一級咒術師禪院直毘人和禪院真希，由此可知人們對山的恐懼有多大。就以日本最高峰富士山為例，《富士本宮淺間社記》記載，孝靈天皇時代，富士山火山大爆發，周邊居民四處逃散，變得一片荒蕪，為了平息富士山的神靈，垂仁天皇舉行祭禮，祭祀富士山的神靈淺間大神。富士山的周圍圍繞著祭祀淺間大神的神社，而天皇所去的是富士山本宮淺間大社。

日本的山岳信仰不久後發展出修驗道，修驗道裡的神佛大多長得張牙舞爪、橫眉怒目。從這些神佛的相貌，就可以知道百姓對山神的威力有多麼害怕了。

山神大山津見與女兒木花開耶姬
山神的女兒木花開耶姬是富士山的神，淺間神社的主神。

從花御看巨木信仰

高大樹神被視為至高之神

在日本，計算神明時使用的量詞是「柱」，像是「一柱神」、「兩柱神」。這是因為日本人認為樹木有神寄宿，所以神社都種植了神木。尤其常綠樹樹葉不會凋零，被視為保有生命力的植物。在建築家屋時舉行的破土儀式，也會豎立榊（神事時使用的植物樹枝）作為神的依附物。這種樹木等植物的神靈依附物，叫做神籬。

對樹木的信仰自古就有，如同與天照大神並列為至高之神的高皇產靈尊，別名叫高木神一般。在記紀神話裡，創造日本列島和自然界神祇的伊弉諾尊和伊弉冉尊在降臨地面時，豎立了天御柱。兩神繞行這根柱子，進行咒術式的結婚儀式後，結合生子。

伊勢神宮最重要的御神體——心御柱，和長野縣諏訪市最古級的諏訪大社的御柱等，應該都是對高大樹木的信仰下，人工種植的神籬。青森縣青森市的三內丸山遺跡裡發現六個巨大的柱洞，但是有一說認為這並非單純的大型建築物遺蹟，而是民眾信仰的對象。在植物上看到靈力並非只是這些而已，對日本人來說，大家熟悉的賞花，始於奈良時代，它具有祓除邪氣、震動靈魂，恢復活力的「振魂」意義。賞花不但是一種娛樂，也具有咒術的意義。

《咒術迴戰》第四十五話，花御對攻擊他的咒術師說：「住手，愚昧的孩子們，我只是想守護這個星球，森林、大海、天空都在哭泣，再也忍受不了了。也再不可能與人類共存了。」他所站的位置是神的高度。

諏訪大社的御柱（長野縣諏訪市）
諏訪大社的社殿四角豎立了巨大的柱子，對巨木、柱的信仰從繩文時代就開始了。

另外第五十三話裡，五條悟談到花御時說：「咒靈雖為咒靈，但是可能無限接近精靈吧。據葵說，他好像是混進植物裡潛入。」所以，可以說花御是象徵神依附在植物中的神籬信仰吧。

從陀艮看海神信仰

山神與海神乃是一對

有種信仰認為海的對岸有另一個世界，叫做常世之國，神明從那裡來到吾土，帶來新的文化和豐饒的物產。第一代天皇神武的祖父山幸彥拜訪過海神的宮殿，在那裡對海神之女豐玉姬一見傾心，娶她為王妃。而他們的兒子鸕鶿草葺不合尊，又娶了豐玉姬之妹玉依姬為妃。海神為女神可遠溯繩文時代的女神信仰，在保留日本最古老信仰形態的沖繩，人們認為海神是女神，與山神的男神成為一對。大地（山）的咒靈漏瑚，與水（海）的咒靈陀艮一起行動，符合日本認為山與海成雙成對的信仰。

綿津見魚鱗之宮
普利斯通美術館　藏
造訪海神宮殿的山幸彥（上）與豐玉姬（左下）相遇的一幕（右為豐玉姬的侍女）。

灰原雄殞命的產土神信仰

至今依然可怕的土地神降災

《咒術迴戰》第七十七話，七海建人的同學灰原雄在討伐任務中壯烈成仁。在灰原的遺體前，七海說：「產土神信仰……我是土地神……是一級案件……！」在日本有守護土地的神，坐鎮在當地，守護生於當地者的產土神信仰。建築房屋時舉行的破土儀式，就是為了乞求這位土地神的允許。

人們認為土地神的懲罰很強大，《今昔物語》中，記述了在陰陽寮擔任主官陰陽頭的滋岳川人，遭到土地神攻擊的故事。

川人受命尋找文德天皇陵墓的建設地點，結束尋找土地的任務後踏上歸途。不料，土地神竟然跟在川人身後。川人施展隱形術，隱住身體後，竟聽到有上千萬人往來的腳步聲。

從付喪操術看見付喪神信仰

橫行都城的舊工具妖怪

西宮桃的付喪操術術式，令人聯想到它應是根據日本的付喪神信仰而發想的術式。官方FANBOOK中提到「老舊器具據說住著『付喪神』，而這個術式使用的是蘊藏咒力的常用掃把」。付喪神又寫成九十九神，多年愛惜使用的工具會成為九十九神，帶來幸福，粗魯對待的工具會變成付喪神，在人身上降災。

《付喪神繪卷》描寫了老舊工具聚集起來變成付喪神，對人類惡作劇的故事。

另外在《百鬼夜行繪卷》中描繪了許多工具陰靈，令人想到付喪神。因為這種傳說，神社佛寺都供奉、埋藏長年愛用的工具，像是筆塚、針塚、菜刀塚等。

《百鬼夜行繪卷》
平安時代橫行京都的百鬼夜行圖，其中畫的工具鬼令人想到付喪神。

偽夏油使喚的疱瘡神

人人懼怕的傳染病之神

《咒術迴戰》第一〇一話，偽夏油喚出了特級特定疾病咒靈「疱瘡神」，疱瘡就是天花，江戶時代人稱「役三病」之一，一生只會得一次。天花感染力強，人們認為是疱瘡引起的病，描繪武將趕走疱瘡神的疱瘡畫，會被當成治癒疾病的護身符。第十二集中揭露，這位咒靈不是疱瘡神，而是疱瘡婆。傳說疱瘡婆是東北的妖怪，會讓疱瘡流行，啃食屍體。病死者的墳墓若是屢屢遭到破壞，人們就認為是疱瘡婆搞的怪。所以人們會在埋葬地放置重石，舉行驅魔儀式。《咒術迴戰》的疱瘡神（疱瘡婆）術式，也以這個傳說為原型。

《新形三十六怪撰》
為朝武威驅退痘鬼神圖
害怕疱瘡的百姓將這種浮世繪稱為疱瘡繪，當成護身符用。

咒術全盛的平安時代出現的咒具

《咒術迴戰》裡出現各式各樣稱為咒具的工具。像是屠坐魔是短直刀，游雲是三節棍、天逆鉾是兩支短劍，還有可以無限延長的萬里之鎖。除此之外，禪院真希用的眼鏡咒具雖然咒力不高，但是可以看見咒靈。官方FANBOOK解釋，咒具有四大類型：一、「術師耍弄、或藏著咒力、術式的武器」；二、「斬殺強力術師或咒靈的武器」；三、「連續殺人的凶器」，四、「經過殘酷過程製作出的武器」。現實歷史上，也存在過符合這四大類的咒具。

在咒術全盛期的平安時代，產生了許多吻合第二類的咒具。最有名的是「童子切安綱」。

當時鬼之首領酒吞童子以丹後（京都府北部）的大江山為據點，到處殺人擄掠，而這把刀最後砍下了酒吞童子的頭。現在童子切安綱被指定為國寶。同樣以鬼切之刀聞名的是渡邊綱在京都一條戾橋，斬殺茨木童子之鬼的鬼切丸（別名：髭切）。渡邊綱是殺死酒吞童子的源賴光屬下，後來他為了處理當時砍下的童子手臂，特去與安倍晴明商量。不久，茨木童子變身為綱的叔母出現，把手臂取走後便破空而去。據說後來茨木童子到岩手縣的夏油溫泉養傷。

相當於三、「連續殺人的凶器」中，最有名的莫過於人稱妖刀的「村正」吧。村正是三重縣桑名市的刀工，他擅長打造適合戰國時代，不易折斷、極為鋒利的實戰型刀具。戰國武將都愛用村正打造的刀，殺人流血無數。

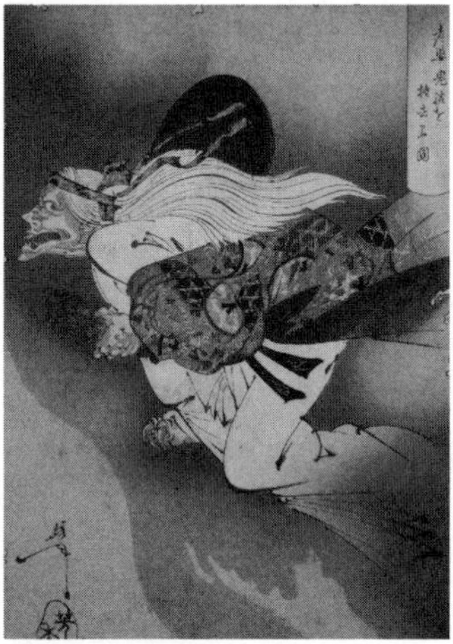

《新形三十六怪撰》
老婆奪走鬼腕圖
茨木童子被名刀鬼切丸斬斷手臂，來取回後據說飛到夏油溫泉療傷。

但是最害怕這把刀的是德川家康。家康的祖父、父親、兒子、妻子都是被村正造的刀所殺。家康自己也在保養村正時受傷。因此，德川家仇視村正，禁止佩帶，稱它為妖刀。因為這個典故，幕末討幕派志士都偷偷的追尋村正。

日本的神劍自體成神

日本最有名的咒具，應該是三種神器之一的草薙劍吧。原本它叫天叢雲劍，是素戔嗚尊從天上世界降臨後，殺死危害出雲地方的八歧大蛇時，在大蛇體內找到的劍（第四類）。草薙劍是日本武尊愛用的劍（第一類），他曾持此劍走遍日本各地，征討凶惡的神祇（第二類）。這把草薙劍由愛知縣名古屋市的熱田神宮代代奉祀，符合《咒術迴戰》咒具的三種類型，可以說是最強的咒具。

有個小故事描述了草薙劍的靈威，七世紀天智天皇治世，發生熱田神宮的草薙劍差點遭竊，被帶到國外的事件，所以將草薙劍送到宮中保管。後來天智天皇得了重病，宮裡認為是草薙劍的咒力太強所致，於是又立刻將草薙劍送回熱田神宮。

草薙劍雖然是在八岐大蛇體內發現的，但是砍死大蛇的卻是布都斯魂劍，別名十握劍，或叫做天羽羽斬，供奉在奈良縣天理市的石上神宮。這把劍符合第二類。石上神宮除了這把劍外，還供奉了神武天皇在熊野征戰中誤中敵人毒氣，危在旦夕之際，天照大神與高皇產靈尊下令降於世間的神劍——布都御魂。這是符合第一和第二類的神劍，草薙劍和布都斯魂劍都與素戔嗚尊頗有淵源，但是在神道中卻將素戔嗚尊視為詛咒之神。

日本的神劍特徵，在於人們認為劍本身就有神靈寄宿。並非別處的神力住在劍中，而是劍本身就是神，具有靈威。這種觀念極具日本特色，與歐美等的魔法劍完全不同。正因為日本天地萬物皆有神靈附著的獨創信仰，才會將神劍本身當作神來奉祀。

日本武尊神宮徵古館藏
東征時遭遇火攻的日本武尊靠著草薙劍逃過一劫。

後記

存活在現代的詛咒

詛咒的歷史現在還在寫

「你相信詛咒嗎？」聽到這個問題，恐怕很少人會直接回答「相信」。科學技術發達的現代社會，一般人都把咒術視為不科學的迷信。儘管如此，每天在報上看到的占卜結果，還是會相當影響我們的生活。

《咒術迴戰》裡將咒術師培養機構「咒術高專」設定為「表面上是宗教系學校，費用由國家與都（或府）以機密費的名義籌措」「多名咒術師畢業後依然以此為活動據點，進行任務的斡旋和支援」（官方 FANBOOK）。國家或行政機關撥款給咒術，在我們現代人來看，也許會覺得太過荒唐無稽。但是，正如本書所介紹的咒術歷史，古代從奈良時代開始，咒術就在律令制下納入國家管理，直到戰前，神社仍由內務省神社局、神祇院等國家單位管理。

戰後廢止了這些制度，推行政教分離，但咒術依舊吸引人心。眾所皆知，在昭和時期，岸信介、福田赳夫、松下幸之助等財經界大老都傾倒於占卜師藤田小女姬。而即使是現在，天皇也自費承繼宮中祭祀。進而，許多號稱一流的企業，大多在公司內擺設神社或神架，舉行禮拜。這也是簡易的咒術。

因為東北大地震和新冠疫情而復活的咒術

諷刺的是，日本東北大地震的發生，竟成為人們重新評價咒術等無形世界的契機。地震發生的二〇一一年八月十四日《朝日新聞》上，刊出了「失去親人的受害者，委託靈媒召魂喚出死者靈魂傳達心意」的例子令人矚目。另外，海嘯受災地頻頻出現目擊鬼魂的案例，甚至還有「幾十個鬼魂擋住車道，造成交通堵塞」的故事。面對不可抗力、無理可循的事態，人們會追求靈性的事物，以圖心理的安定。

到了新冠肺炎的流行，日本人穢的思想又被挖出來，引發了「正義魔人」的新問題。對醫療人員的誹謗中傷、對營業中的餐飲店張貼咒罵的公告等，這就是詛咒。

於是，現代社會產生了新的詛咒。以社群媒體為媒介的詛咒。

《咒術迴戰》示範面對詛咒的方法

對上司的抱怨、對同僚的嘲笑、對社會的不滿……社群媒體上每天充斥著詛咒。詛咒有一個特徵，那就是它終究都是自己發布的，被詛咒者並不知道有人在詛咒自己。安倍晴明的軼事裡說到，詛咒他人者的身分曝露時，詛咒會反彈給他。在稻草人上敲入五寸釘這種最知名的詛咒，也就是丑時參拜時絕對不可讓人看到。但是當看到稻草人上寫著自己的名字，任誰都會毛骨悚然，恐怕很少有人會一笑置之的說「這只是迷信」。

從這裡大家就能看出，詛咒與社群媒體十分相似了吧。在有匿名性的社群媒體上，發文者可以永遠隱藏身分，但是，受害者卻被那些充滿惡意的發文所束縛，受到很大的影響。其中甚至有人因為社群媒體的發文而輕生。社群媒體就是現代版的詛咒。

《咒術迴戰》裡設定詛咒（咒靈）全都是從人類「負面情緒」所產生的。也就是說受到咒靈這種超自然生物的無理傷害，全是人類自己造成的。這個設定似乎象徵著人們為了追求更強烈的自我，而在無意間對他人帶來莫大的傷害。

現代社會成了前所未見、充滿詛咒的時代。其中，不屈服於周圍同儕壓力，依照自己信念思考行動的虎杖悠仁和其他咒術師的身影，或許是現代社會中面對詛咒的一個解方吧。

只要有人類存在，詛咒就不會消失。但是，如何不產生詛咒，如何面對朝自己而來的詛咒，《咒術迴戰》向我們示範了在現代社會的生存方式。

新冠疫情帶來的自肅生活、新生活形態的擴散，造成面對面溝通的時間減少，大幅增加了遠端化。因此在社群媒體上的詛咒更甚以往，變得大量生產。

我們生活的現代，再度成為詛咒的全盛時代。

〔参考文献〕

『呪術廻戦』第1〜15巻　芥見下々著　集英社
『呪術廻戦0 東京都立呪術高等専門学校』　芥見下々著　集英社
『呪術廻戦 公式ファンブック』　芥見下々著　集英社
『呪術廻戦 逝く夏と還る秋』　芥見下々、北國ばらっど著　集英社
『呪術廻戦 夜明けのいばら道』　芥見下々、北國ばらっど著　集英社
『異界と日本人』　小松和彦著　KADOKAWA
『伊勢神宮のすべて』　青木康著　宝島社
『江戸の陰陽師 天海のランドスケープデザイン』　宮元健次著　人文書院
『大江戸魔方陣 徳川三百年を護った風水の謎』　加門七海著　朝日新聞出版
『お呪い日和その解説と実際』　加門七海著　KADOKAWA
『陰陽道の本 日本史の闇を貫く秘儀・占術の系譜』　学研
『カラー版 日本の神様100選』　日本の神社研究会著　宝島社
『カラー版 日本の神社100選 一度は訪れたい古代史の舞台ガイド』　日本の神社研究会著　宝島社
『古事記 日本書紀に出てくる謎の神々』　新人物往来社
『古事記の本』　学研
『古神道の本 甦る太古神と秘教霊学の全貌』　学研
『修験道の本 神と仏が融合する山界曼荼羅』　学研
『呪術廻戦 高専特級機密解除』　ダイアプレス

『呪術と占星の戦国史』　小和田哲男 著　新潮社
『呪術秘法の書 神仏呪法実践読本』　豊嶋泰國 監修　原書房
『神道の本 八百万の神々がつどう秘教的祭祀の世界』　学研
『すぐわかる日本の呪術の歴史 縄文時代から現代まで』　武光 誠 監修　東京美術
『【図説】日本呪術全書』　豊島泰国 著　原書房
『天皇の本 日本の霊的根源と封印の秘史を探る』　学研
『天皇陛下の全仕事』　山本雅人 著　講談社
『日本古代呪術 陰陽五行と日本原始信仰』　吉野裕子 著　講談社
『別冊宝島 呪術と祈祷の日本史』　加門七海 監修　宝島社
『別冊宝島 神社と神様大全』　宝島社
『別冊宝島 天皇と古代史』　宝島社
『別冊宝島 日本の古代史 ヤマト王権』　瀧音能之 監修　宝島社
『別冊宝島 密教入門』　宝島社
『呪いと日本人』　小松和彦 著　KADOKAWA
『魔除けの民俗学 家・道具・災害の俗信』　常光 徹 著　KADOKAWA
『密教の本 驚くべき秘技・修法の世界』　学研
『見るだけで楽しめる！ まじないの文化史 日本の呪術を読み解く』　新潟県立歴史博物館 監修　河出書房新社
『歴史人物怪異談事典』　朝里 樹 著　幻冬社
『歴史と起源を完全解説 日本の神様』　青木 康 著　宝島社

日本再發現 020

咒術的日本史

呪術の日本史

國家圖書館出版品預行編目 (CIP) 資料

咒術的日本史 / 加門七海著；陳嫺若譯 . -- 初版 . -- 臺北市：健行文化出版事業有限公司出版：九歌出版社有限公司發行 , 2022.01

面；　公分 . -- (日本再發現；20)

譯自：呪術の日本史

ISBN 978-626-95026-6-0(平裝)

1. 咒語 2. 宗教文化 3. 民間信仰 4. 日本史

295.5　　110017952

著　　者── 加門七海
譯　　者── 陳嫺若
責任編輯── 莊琬華
發 行 人── 蔡澤蘋
出　　版── 健行文化出版事業有限公司
台北市 105 八德路 3 段 12 巷 57 弄 40 號
電話／ 02-25776564・傳真／ 02-25789205
郵政劃撥／ 0112263-4
九歌文學網　www.chiuko.com.tw
印　　刷── 晨捷印製股分有限公司
法律顧問── 龍躍天律師 ・ 蕭雄淋律師 ・ 董安丹律師
發　　行── 九歌出版社有限公司
台北市 105 八德路 3 段 12 巷 57 弄 40 號
電話／ 02-25776564・傳真／ 02-25789205
初　　版── 2022 年 1 月
初版 2 印── 2024 年 1 月
定　　價── 380 元
書　　號── 0211020
I S B N── 978-626-95026-6-0